Christoph Lütge | Michael Esfeld

UND
DIE
FREIHEIT?

Christoph Lütge | Michael Esfeld

UND DIE FREIHEIT?

Wie die Corona-Politik und
der Missbrauch der Wissenschaft
unsere offene Gesellschaft bedrohen

Bibliografische Information der Deutschen Nationalbibliothek
Die Deutsche Nationalbibliothek verzeichnet diese Publikation in der Deutschen Nationalbibliografie. Detaillierte bibliografische Daten sind im Internet über http://dnb.d-nb.de abrufbar.

Für Fragen und Anregungen
info@rivaverlag.de

Wichtiger Hinweis
Ausschließlich zum Zweck der besseren Lesbarkeit wurde auf eine genderspezifische Schreibweise sowie eine Mehrfachbezeichnung verzichtet. Alle personenbezogenen Bezeichnungen sind somit geschlechtsneutral zu verstehen.

Originalausgabe
2. Auflage 2021
© 2021 by riva Verlag, ein Imprint der Münchner Verlagsgruppe GmbH
Türkenstraße 89
80799 München
Tel.: 089 651285-0
Fax: 089 652096

Redaktion: Dr. Annalisa Viviani, München
Umschlaggestaltung: Karina Braun, München
Satz: Andreas Linnemann, München
Druck: CPI books GmbH, Leck
Printed in Germany

ISBN Print 978-3-7423-1909-8
ISBN E-Book (PDF) 978-3-7453-1629-2
ISBN E-Book (EPUB, Mobi) 978-3-7453-1630-8

Wir produzieren
nachhaltig
www.m-vg.de

Weitere Informationen zum Verlag finden Sie unter

www.rivaverlag.de

Beachten Sie auch unsere weiteren Verlage unter www.m-vg.de

INHALT

PROLOG

Der Mensch solle aus den Fehlern der Vergangenheit für künftige Entscheidungen lernen, heißt es. Der Satz könnte aber auch lauten, dass wir nicht nur aus den Fehlern lernen, sondern vor allem auch aus dem, was schon vor langer Zeit richtig gemacht wurde. Genau das aber war während der Coronakrise nicht der Fall, es wurde vielmehr versucht, die Vergangenheit außer Acht zu lassen – und völlig neue Fehler zu begehen. Denn im Grunde wussten die Menschen schon vor Jahrzehnten, wie mit einer Pandemie umzugehen ist. Bei der Asiatischen Grippe in der zweiten Hälfte der Fünfzigerjahre und der Hongkong-Grippe Ende der Sechzigerjahre etwa war es Konsens in der Wissenschaft, dass man gegen die Ausbreitung der Viren medizinisch vorzugehen habe. Das bedeutet, dass man diejenigen Personen behandeln muss, die medizinischer Behandlung bedürfen. Hinzu kamen in zweiter Linie allgemeine Hygieneempfehlungen, etwa das regelmäßige Waschen der Hände und das regelmäßige Lüften der Räume. Ferner weitere Empfehlungen, wie zum Beispiel, Abstand zu anderen Menschen zu halten oder sich nicht in Situationen zu begeben, in denen man bewusst oder unabsichtlich andere ansteckt. Diese Punkte blieben Stand der Wissenschaft über die folgenden Jahrzehnte – und zwar bis in das Jahr 2019. Als dann Ende des Jahres das Coronavirus sich von China aus zu verbreiten begann und Anfang 2020 auch unsere westliche Welt erreichte, fand plötzlich ein völliger Strategiewechsel um 180 Grad statt.

Nun wurde nämlich gesagt, dass man der Ausbreitung nicht mit medizinischem Handeln und Hygieneempfehlungen entgegenwirken könne, sondern dass man das Virus mit politischen Maßnahmen bekämpfen müsse. Es sollten also nicht die Mediziner mit ihrem Expertenwissen gegen die Ausbreitung vorgehen, sondern es sollten die Politiker im Grunde deren Rolle übernehmen, und zwar mit repressiven politischen Maßnahmen. Das bedeutet wiederum auch, dass dieser Strategiewechsel nicht mit medizinischen Fakten begründet werden kann. Denn die medizinischen Fakten wie insbesondere die Infektionssterblichkeitsrate liegen bei COVID-19 in derselben Größenordnung wie bei der Asiatischen Grippe der Jahre 1957/58 und der 1968 ausgebrochenen Hongkong-Grippe. Zudem sind bei Covid-19 die Risikogruppen viel klarer eingegrenzt als bei den früheren Virenausbrüchen, nämlich vorwiegend ältere Menschen mit Vorerkrankungen. Für alle anderen liegt die Gefährlichkeit des Coronavirus im Bereich der üblichen Gripperisiken. Daran ändern auch die – für Viren generell normalen – Mutationen nichts, die im fortgeschrittenen Stadium der Krise von Politikern immer wieder gerne bemüht werden: Diese Mutationen haben sich bereits in vielen Ländern (etwa Schweden oder Dänemark) weit verbreitet, ohne dass sich Todeszahlen oder ernsthafte Erkrankungen dort signifikant erhöht hätten (im Gegenteil). Und wer behauptet, diese Mutationen seien so viel gefährlicher, muss das belegen. Nicht umgekehrt. Sonst könnte man ja immer behaupten, wegen einer vermeintlichen, möglichen Gefahr müsse man in einer bestimmten Weise reagieren. Ob mit oder ohne Mutationen, das Coronavirus ist in allererster Linie für Hochbetagte mit Vorerkrankungen gefährlich. Doch all das wurde ignoriert und mündete schließlich in das große Scheitern, das wir inzwischen beobachten mussten.

KAPITEL 1

STAATSVERSAGEN – RESÜMEE EINES ZUSAMMENBRUCHS

Im März 2020 war klar, dass die epidemiologische Faktenlage mit früheren Virusausbrüchen vergleichbar war. Doch die Reaktionsweise darauf war eine vollkommen andere. Ein Faktor, der dabei eine Rolle spielte, war sicher die seinerzeit aufkommende oder sich verstärkende Panik. Die wiederum beruhte unter anderem darauf, dass die Medien Fotos verbreiteten, die Angst erregten. Politiker dachten vor diesem Hintergrund, sie könnten es sich nicht leisten, dass auch in unseren Krankenhäusern Fotos wie jene entstehen könnten, die damals unter anderem aus Italien, etwa aus dem schon fast sprichwörtlich gewordenen Bergamo, zu uns drangen. Wissenschaftler sollten eigentlich diejenigen sein, die auch in solchen Situationen einen kühlen Kopf bewahren und nicht in Panik verfallen. Ihre Aufgabe ist es, binnen kurzer Zeit die Faktenlage zu überprüfen, um dann die geeigneten Reaktionsmöglichkeiten zu erwägen. Die derzeitige Faktenlage war nämlich vergleichbar mit den früheren Ausbrüchen, zudem hat es in den vergangenen Jahrzehnten durchaus bemerkenswerte Fortschritte sowohl in medizinischer als auch in technischer Hinsicht gegeben. Wir haben heute wesentlich schnellere Mittel der Kommunikation, wir müssen nicht mehr einen Brief auf eine lange Reise schicken und dann auf Antwort warten. Wir können über Computer kommunizieren, uns etwa per Video-Schalte direkt mit Menschen aus völlig anderen Regionen der Erde unterhalten und uns ohne zeitliche Verzögerung auf den neuesten Stand bringen. All dies könnte unter anderem etwa zur Überlegung führen, ob man nicht die medizinische Strategie wechseln solle oder müsse. Doch das fand eben nicht statt. Stattdessen wählte man einen radikalen Strategiewechsel: weg von der Medizin hin zu politischen Maßnahmen. Ein solcher Strategiewechsel kann aber nie allein durch medizinische Fakten begründet werden.

Vor diesem Hintergrund ist zunächst ein Fachbegriff zu erwähnen: die Non-pharmaceutical interventions (NPIs), die nicht pharmazeutischen Interventionen. Es handelt sich also um Eingriffe, die nicht darin bestehen, beispielsweise Medikamente einzunehmen oder Menschen zu impfen. Allgemeine Hygieneempfehlungen wie etwa Hände waschen und Räume lüften sind solche nicht pharmazeutischen Interventionen, da sie Anweisungen an die ganze Gesellschaft sind. Der springende Punkt ist der Übergang von Hygieneempfehlungen zu politischen Anordnungen. Ein Beispiel dafür stellen die mittlerweile hinlänglich bekannten Lockdowns dar oder etwaige Ausgangsbeschränkungen sowie die Pflicht, in Innenräumen, zum Teil sogar in Außenbereichen, Masken zu tragen, die für uns alle inzwischen zu einem alltäglichen Begleiter geworden sind. Genau solche Maßnahmen aber waren es, die zuvor ausdrücklich nicht empfohlen wurden – das gilt nicht zuletzt auch für die Weltgesundheitsorganisation (WHO), die Koordinierungsbehörde der Vereinten Nationen für das internationale öffentliche Gesundheitswesen.

Es darf aber auch nicht verschwiegen werden, dass es einige medizinische Experten aus dem Bereich der Virologie gab, auf die plötzlich sehr stark gehört wurde, wie beispielsweise Christian Drosten, Virologe und Institutsdirektor an der Berliner Charité, dazu zählen aber auch die sogenannten Modellierer. Zu nennen ist hier insbesondere Neil Ferguson vom Imperial College in London, der in seiner Studie von Mitte März 2020 Berechnungen vorlegte, nach denen in den Vereinigten Staaten rund 2,2 Millionen und in Großbritannien 500 000 Menschen an den Folgen von Covid-19 sterben könnten, wenn die Politik keine Gegenmaßnahmen ergreife. Hinzu kamen noch weitere Personen, die speziell aus dem virologischen Lager stammen. In der Folge ist es dann zu einer sehr starken Einseitigkeit in der Debatte gekommen. Letztlich war es somit zwar nicht ein rein politischer Strategiewechsel. Vielmehr haben die Politiker sich sehr früh diejenigen Wissenschaftler gezielt herausgesucht, die bereit waren, einen Strategiewechsel von medizinischen zu repressiven politischen Maßnahmen mitzutragen.

Dahinter verbarg sich wiederum jene Panik, die den Beginn des Corona-Ausbruchs begleitete. Auch die Politiker sahen die Bilder aus dem chinesischen Wuhan oder aus Italien, und sie stellten sich die Frage, ob so etwas auch bei uns geschehen könnte. Weil es aber bei uns nicht geschehen durfte, hat sich vor diesem Hintergrund eine gewisse Eigendynamik entfaltet. In der Folge kam es zu massiven Grundrechtseinschränkungen. Schulen wurden geschlossen, Menschen in Quarantäne gesteckt, Ausgangsbeschränkungen und nächtliche Ausgangssperren und sogar Berufsverbote verhängt. Bestimmte Berufsgruppen – viele Selbstständige, Künstler und Veranstalter können ihre Tätigkeit nicht mehr ausüben, mancher Kulturbetrieb wird nach dem Ende der Maßnahmen nicht wieder

11

öffnen, weil ihm in der Zwischenzeit die finanziellen Mittel ausgegangen sind. Womöglich werden die Menschen an den Wochenenden auf absehbare Zeit nicht mehr die gewohnten Musikclubs besuchen können, weil es sie einfach nicht mehr gibt. Der bekannte Münchner Club Pacha machte im März 2021 mit einer stadtweiten Plakatkampagne darauf aufmerksam, dass Clubs seit mittlerweile 365 Tagen geschlossen sind. Auch das geht nicht ohne Spuren an den Menschen vorbei, es belastet viele mittlerweile massiv. Feiern gehört zum Leben dazu, ein zeitweises Aussetzen versteht man – aber nicht einen kompletten Shutdown über ein ganzes Jahr.

Auch bei der Tatsache, dass Menschen ihre Familienmitglieder nicht mehr treffen dürfen, handelt es sich um einen massiven Eingriff in die Grundrechte und auch in die Menschenwürde. Einen Eingriff, den es in Friedenszeiten in unserer modernen Geschichte so noch nicht gegeben hat. Was stattgefunden hat, war also nicht einfach die Wahl einer anderen Vorgehensweise als in der Vergangenheit, sondern der Wechsel von medizinischer zu politischer Bekämpfung der Ausbreitung des Virus, der durch die medizinischen Fakten nicht begründet werden kann. Doch je strikter man vorgeht, desto bessere Begründungen für dieses Vorgehen müssen auch geliefert werden.

Letztendlich ist es notwendig, die verschiedenen Aspekte des Problems zu begreifen. Genau das war bis zu diesem Zeitpunkt auch unter den Wissenschaftlern, besonders den Epidemiologen Konsens. Lassen wir die über fünfzig Jahre zurückliegende Hongkong-Grippe einmal außer Acht: Es gab danach noch weitere Epidemien wie etwa die Schweinegrippe, eine beim Menschen pandemisch aufgetretene virale Atemwegserkrankung, in den Jahren 2009 und 2010, die sich als aufgeblasene Panikmache herausstellte. Auch damals wurde

Impfstoff gekauft – der anschließend entsorgt – sprich: weggeworfen – wurde. Daraus hätte man lernen müssen. Dennoch wurden im Jahr 2020 plötzlich andere Schlussfolgerungen gezogen.

Noch im März 2020 allerdings erklärte das Bundesgesundheitsministerium unter anderem über die sozialen Medien, es gehe das Gerücht um, dass man im großen Stile Grundrechtseinschränkungen einzuführen plane. Das entspreche jedoch nicht den Tatsachen, sei einfach falsch – die Menschen wurden aufgefordert, den »unsinnigen« Gerüchten keinen Glauben zu schenken. Was aus heutiger Sicht an die Aussagen des ehemaligen DDR-Staatsratsvorsitzenden Walter Ulbricht vom Juni 1961 erinnert, niemand habe die Absicht, eine Mauer zu bauen.

Aber zurück zu dem eigentlichen Punkt: Es gab einen tiefgreifenden Strategiewechsel, für den eine Legitimation benötigt wurde, die allerdings auf normalem demokratischem und rechtsstaatlichem Wege nicht zu erreichen war. Denn dieser Weg beruht darauf, dass die Grundrechte anerkannt werden. In einem demokratischen Rechtsstaat können Grundrechte nämlich nicht generell eingeschränkt werden, und es ist auch nicht möglich, den Menschen vorzuschreiben, wie sie ihre sozialen Kontakte zu gestalten haben, oder die Ausübung ihres Berufs zu verwehren. Daher musste also die Wissenschaft herhalten, um all dies zu legitimieren. Die Wissenschaft aber kann dieses Vorgehen nur dann legitimieren, wenn sie unter politischem Druck steht und ihr Vorgehen ändert: Wissenschaft arbeitet nämlich immer so, dass aufgrund der Faktenlage verschiedene Handlungsstrategien mit stichhaltigen Gründen diskutiert werden, weil keine bestimmte Handlungsstrategie aus den Fakten folgt. Mit diesem Vorgehen lassen sich aber nicht politische Zwangsmaßnahmen legitimieren. Es gibt innerhalb der Wissenschaft – gerade im Kreis der Virologen und Epidemiologen – solche, die ein rein medizinisches Vorgehen für richtig halten wie bei allen früheren Virusausbrüchen. Ihnen gegenüber stehen andere – Drosten in Deutschland, Ferguson in Großbritannien –, die schon immer politische Maßnahmen zur Virusbekämpfung befürwortet hatten. Damit nun Wissenschaft als Legitimation für politische Zwangsmaßnahmen herhalten konnte, musste letztere Gruppe so in der Öffentlichkeit präsentiert werden, dass sie für die Wissenschaft als Ganzes spricht und diejenigen, die das traditionelle Vorgehen forderten, verleumdet und diffamiert wurden. Aus politischen Gründen wird also die Wissenschaft selbst politisiert. An die Stelle der wissenschaftlichen argumentativen Auseinandersetzung tritt Verleumdung und Diffamierung durch die Wissenschaftler, die bereit sind, der Regierung nach dem Munde zu reden.

Die Rolle, die der Wissenschaft damit übertragen wurde, ist letztlich antiwissenschaftlich. Denn wenn die Politik verschiedene Wissenschaftler zu Worte kommen lassen würde, von denen einige sagen, man solle genau das machen, was die Politik empfehle, während andere genau davor warnen, würde das Legitimationsgebäude zusammenbrechen. Die Legitimation durch die Wissenschaft funktioniert nur dann, wenn die Wissenschaft als monolithischer Block dargestellt wird. Darum mussten und müssen die kritischen Stimmen unterdrückt oder gar verleumdet werden. Genau das haben wir erlebt, statt der sonst üblichen breiten Diskussion über verschiedene Interpretationen und Umgangsweisen. Die Wissenschaft sollte letztlich etwas legitimieren, das sich demokratisch nicht legitimieren ließ – und dazu mussten abweichende Meinungen in der wissenschaftlichen Community unterdrückt werden. Jeder bis März 2020 noch so anerkannte und ausgezeichnete Wissenschaftler wurde, sobald er etwas gegen politische Repressalien zur Bekämpfung der Ausbreitung des Coronavirus sagte, ins Abseits gedrängt.

Kapitel 2

Geht doch! Ein kurzer Blick dorthin, wo es besser läuft

Deutschland ist nur eines von vielen Ländern der Welt, die von der Pandemie betroffen worden sind. Der Blick auf andere Länder zeigt, dass es durchaus andere und nicht zuletzt bessere Wege zur Bekämpfung und Eindämmung des Virus als den bei uns beschrittenen gibt. Natürlich gab es von Land zu Land Unterschiede. Nur waren diese nicht daran festzumachen, ob ein Land einen Lockdown verhängt hatte oder nicht. Eine Zusammenfassung aller diesbezüglichen Studien, die bis Ende 2020 verfügbar waren, gibt ein Artikel der Mediziner Eran Bendavid, John Ioannidis und anderen, der am 5. Januar 2021 online in der Zeitschrift *European Journal of Clinical Investigation* veröffentlicht wurde. Es erscheinen ständig weitere Studien, die zu ähnlichen Ergebnissen kommen – zum Beispiel im März 2021 eine Studie in *Nature Scientific Reports*, die nachweist, dass es keinen statistisch signifikanten Unterschied gibt zwischen Ländern, die mit Lockdowns ihre Bevölkerung dazu gezwungen haben, sich weitgehend zu Hause aufzuhalten, und Ländern, die dieses nicht getan haben.

Anders gesagt: Man legt Personen die relevanten Daten zum Infektionsgeschehen aus rund 30 Ländern vor. Anhand dieser Daten lässt sich nicht ersehen, welche Länder einen Lockdown praktiziert haben und welche nicht. Lockdowns führen somit zu keinen statistisch nachweisbaren Wirkungen in der Bekämpfung der Ausbreitung des Virus.

Ein gutes Beispiel dafür sind die Vereinigten Staaten von Amerika. Denn dort gab es nicht in jedem Bundesstaat die gleichen Vorgehensweisen. Dort hat es Bundesstaaten gegeben, die nie einen Lockdown gemacht und außerdem nicht einmal zu Maßnahmen wie etwa dem verpflichtenden Tragen von Masken gegriffen haben. Das wohl beste Beispiel in diesem Zusammenhang stellt South Dakota dar. Dort wurden nie entsprechende Maßnahmen ergriffen. In North Dakota war hingegen genau das der Fall – dort gab es einen Lockdown und eine Maskenpflicht. Die Infektionszahlen in Bezug auf Covid-19 waren jedoch in den beiden benachbarten Bundesstaaten ähnlich, lagen in South Dakota teilweise sogar niedriger. Ein zweiter Vergleich betrifft die Bundesstaaten Florida und Kalifornien. Beide liegen zwar sehr weit voneinander entfernt und an unterschiedlichen Küsten der USA, vergleichbar sind sie jedoch wegen des ähnlichen warmen Klimas. In Florida setzte man zunächst auf einschränkende Maßnahmen. Im September 2020 jedoch entschied der Gouverneur von Florida, diese Maßnahmen einzustellen – inklusive der Maskenpflicht. Vonseiten namhafter Virologen wurde schnell Kritik an diesem Vorhaben laut. In wenigen Wochen werde Florida es mit Bergen von Leichen zu tun haben, hieß es. Die Zahlen blieben jedoch niedrig, es trat letztlich das Gegenteil von dem ein, vor dem manche Experten gewarnt hatten. Der Gouverneur von Florida berät sich regelmäßig mit denjenigen führenden Wissenschaftlern in den USA, die ein rein medizinisches

Vorgehen empfehlen – wie man sieht, mit Erfolg. Inzwischen haben sich weitere US-Bundesstaaten aus den Maßnahmen ausgeklinkt. Bis Mitte März 2021 haben nicht weniger als 19 Bundesstaaten alle Maßnahmen entweder eingestellt, nie eingeführt oder für sie ein festes Ablaufdatum gesetzt.

Doch man braucht nicht einmal so weit in die Ferne zu schauen. Wesentlich näher liegt das Beispiel Schweden. Dort wählte man von Anfang an den Weg weniger beziehungsweise keiner Einschränkungen des öffentlichen Lebens. Dabei beging man jedoch sehr früh einen Fehler, durch den das schwedische Modell nicht zuletzt in den Mainstream-Medien immer wieder als kritikwürdiges Beispiel herangezogen wurde. Dieser Fehler bestand darin, dass man zunächst die Alten- und Pflegeheime in der Region Stockholm nicht ausreichend schützte. Was insbesondere zu Beginn zu einer höheren Todesrate führte. Aus heutiger Sicht und mit Blick auf die zweite und dritte Corona-Welle befindet sich Schweden im Hinblick auf die Zahl der Toten im Verhältnis zur Bevölkerung jedoch auf einem ähnlichen Level wie Deutschland. Und das ohne all die Maßnahmen, an die wir uns hierzulande haben gewöhnen müssen. Für Bahnen und Busse gibt es inzwischen zwar eine Empfehlung, Masken zu tragen – der jedoch nur eine Minderheit folgt. Auf Gehwegen und in Geschäften finden sich Hinweise, den Mindestabstand einzuhalten, woran sich die Mehrheit hält.

Für Deutschland heißt es immer wieder, so etwas könnte bei uns nicht funktionieren, da es sich bei Schweden ohnehin um ein nur sehr dünn besiedeltes Land handle. Tatsächlich leben in Schweden proportional aber mehr Menschen in Städten als in Deutschland. Und gerade die Region Stockholm ist von der Bevölkerungsdichte durchaus mit deutschen Großstädten zu vergleichen. In Schweden wurde ein Experiment gemacht, und die vorliegenden Zahlen lassen nicht den Schluss zu, dass es dort falsch gelaufen ist. Im Gegenteil, Schweden schneidet ohne politische Zwangsmaßnahmen nicht schlechter ab als Deutschland mit staatlichen Verordnungen.

Was wiederum den Schluss zulässt, dass es eben der falsche Weg ist, Virusausbrüche politisch, das heißt mit politischen Maßnahmen bekämpfen zu wollen. Diese Fehler hätte man bei uns längst erkennen beziehungsweise eingestehen müssen – um wieder den bekannten und bekannt erfolgreichen Weg einzuschlagen, dass Virusausbrüche medizinisch zu bekämpfen sind.

Und dazu noch ein letzter Blick in Richtung Schweden: Bei der Übersterblichkeit im Jahr 2020 schnitt Schweden besser als zwei Drittel der europäischen Staaten ab. Es wird nämlich immer wieder auch behauptet, die Zahlen in Schweden seien schlechter als die in den Nachbarländern Norwegen und Finnland. Tatsächlich lassen sich etwaige Unterschiede jedoch nicht mit grundsätzlich unterschiedlichen Herangehensweisen begründen. Norwegen und Finnland hatten zwar zu Beginn der Krise Lockdowns verhängt, sie dann aber recht schnell beendet und diesen Weg für lange Zeit nicht weiterverfolgt. Bis Mitte März 2021 hatte Norwegen sogar liberalere Maßnahmen als Schweden. Finnland wiederum hat zwar Anfang 2021, vermutlich aus politischen Gründen, einige Verschärfungen eingeführt – vorher aber gab es auch dort keine Maßnahmen, dafür aber noch niedrigere Fallzahlen als bei den Nachbarn. Wer also die schwedische Situation als Argument verwendet, um Kritik an zu viel Offenheit zu üben, der muss dann auch erklären können, warum Länder mit noch geringeren Einschränkungen, als es in Schweden der Fall ist, noch geringere Corona-Infektionszahlen aufweisen.

Kapitel 3

UNVERHÄLTNISMÄSSIG UND MITTELALTERLICH – DER FLÄCHENDECKENDE LOCKDOWN

Grundsätzlich stehen dem Staat Möglichkeiten zur Verfügung, die Grundrechte der Bevölkerung einzuschränken – im Falle eines Notstands. Dieser Notstand allerdings ist vonseiten des Staates zu begründen. Der Staat muss also begründen, *warum* ein Notstand vorliegt. Und vor dem Hintergrund der inzwischen hinlänglich bekannten Corona-Maßnahmen hätte auch begründet werden müssen, warum besagter Notstand über einen derart langen Zeitraum vorliegt.

Auch das ist zu berücksichtigen, wenn von der Wissenschaft die Rede ist. Schließlich leben die Menschen mit diesem Notstand seit mittlerweile mehr als einem Jahr. Das hat es in dieser Form noch nie gegeben. Selbst vorübergehende oder kurzfristige Grundrechtseinschränkungen sind in der Zeit nach dem Ende des Zweiten Weltkrieges nur sehr schwer zu finden. Allein die Ermöglichung solcher Einschränkungen durch die Notstandsgesetze Ende der Sechzigerjahre mündete in Deutschland in die massiven Proteste der 68er-Bewegung.

Um solche Einschränkungen in der Coronakrise auf einem ganz neuen Niveau einführen zu können, wurde die Wissenschaft systematisch missbraucht. Renommierteste Wissenschaftsorganisationen wie zum Beispiel die Leopoldina haben sich darauf leider eingelassen – und kritische Stimmen bewusst und gezielt ausgeblendet.

Wissenschaft ist immer eine Debatte, in der es verschiedene Positionen gibt. Aufgrund vorliegender Daten lassen sich verschiedene Positionen herausstellen, es gibt also mehrere Interpretationen, die diverse Handlungsmöglichkeiten beinhalten. Außerdem kann innerhalb der Wissenschaft nicht mit einer wie auch immer gearteten Autorität entschieden werden, welche der vielen Möglichkeiten die richtige Handlungsmöglichkeit darstellt. Es werden vielmehr Argumente ausgetauscht, und es ist immer so, dass unterschiedliche Möglichkeiten des Umgangs mit einem Thema oder Problem bestehen bleiben. Im Falle des Coronavirus gab es die Möglichkeit, entweder auf Basis traditioneller oder politischer Maßnahmen vorzugehen. Würde man nun in eine normale wissenschaftliche Debatte eintreten, käme man an dieser Stelle zum Erliegen. Eine Gruppe von Wissenschaftlern würde für Lockdowns plädieren, eine andere hingegen davor warnen. Genau an diesem Punkt war man tatsächlich auch im März 2020 angelangt. Da gab es auf der einen Seite etwa Professor John Ioannidis von der Stanford-Universität, der am 17. März 2020 erklärte, mit rigiden Maßnahmen würde man sehr viel zerstören, ohne dass es für dieses Handeln eine Datengrundlage gäbe. Dieser Haltung widersprachen andere Forscher. Das also war eine typische wissenschaftliche Debatte. Hätte man diese Debatte weiterlaufen lassen, dann hätten am Ende alle etwas daraus gelernt. Nur hätte das politisch nichts genützt. Denn hätte etwa Kanzlerin Merkel erklärt, die einen Wissenschaftler behaupten dieses, die anderen etwas anderes und sie selber schlage sich nun auf die Seite einer der Parteien, wäre der politische Umgang mit dem Thema sofort in sich zusammengebrochen. Man hätte gesagt, dass ein Politiker oder eine Politikerin nicht entscheiden könne oder dürfe, welche wissenschaftliche Haltung die richtige sei.

Um das zu verhindern, musste nun ein Apparat in Gang gesetzt werden, damit das Modell der Legitimation durch die Wissenschaft überhaupt funktionieren konnte. Es mussten gezielt Wissenschaftler dafür gewonnen werden, die den Weg der Politik stützten, und es mussten auch nur genau diese Wissenschaftler zurate gezogen werden. Man stützte sich also ausschließlich auf diejenigen, die sagten, was die Regierenden hören wollten – und die zudem bereit waren, andersdenkende Kollegen zu diffamieren. Das gilt etwa zunächst für alle jene Wissenschaftler, die systematisch, über Monate hinweg, den schwedischen – und von schwedischen Wissenschaftlern, etwa Anders Tegnell, nachdrücklich begründeten – Weg in der Krise als unverantwortlich diffamiert haben. Eigentlich wäre hierfür eine Entschuldigung fällig.

Berühmt geworden ist auch ein Zitat von Lothar H. Wieler, dem Präsidenten des Robert Koch-Instituts. Im Juli 2020 sagte er, man dürfe die AHA-Maßnahmen – Abstand, Hygiene, Alltagsmaske – niemals hinterfragen. So etwas aber geht einfach nicht. So etwas darf man als Funktionsträger in einer demokratischen Gesellschaft nicht sagen.

Es wurde letztlich versucht, den Eindruck zu erwecken, rund um die Corona-Maßnahmen sei alles glasklar – als gäbe es ein Naturgesetz wie die Schwerkraft, das einen Lockdown regelrecht verlangen würde. Doch so sieht die Realität nicht aus.

Der Virologe Hendrik Streeck von der Universität Bonn etwa hat schon sehr früh Kritik an Christian Drosten geübt. Auch sagte er, die Lockdowns würden in dieser Form zu keinem weiterführenden Ergebnis führen. Streeck hat zudem – wie auch sein Kollege Jonas Schmidt-Chanasit von der Universität Hamburg – gleich in einer ganzen Reihe von Punkten eine klare Position gegen Drosten bezogen. Er erklärte bereits im Herbst 2020 mit Bezug auf den zweiten Lockdown, wir würden uns eigentlich nicht in einer besonders gefährlichen Situation befinden. Bezogen war das auf die Daten in Zusammenhang mit der Belegung der Intensivbetten in den Krankenhäusern. Diese Intensivbetten-Belegung ist sozusagen ein harter Fakt. Die entsprechenden Zahlen lassen sich im Intensivbetten-Register nachschauen, und man kann daher sehr schnell feststellen, ob sich die Situation in irgendeiner Form bereits am Limit befindet – was nicht der Fall war. Deutschland ist übrigens während der gesamten Krise nie in eine Situation geraten, dass die Kapazitäten der Intensivmedizin auf breiter Front voll ausgelastet gewesen wären. Es gab sicher punktuell problematische Situationen, etwa in Sachsen, doch im landesweiten Maßstab bestand keine wirklich kritische Lage. Außerdem sind lokale Engpässe in einer Grippesaison im Herbst vollkommen normal – das wird jeder Mediziner bekräftigen können, der in einem Krankenhaus arbeitet. Bestätigt wird es auch durch offizielle Angaben wie die vom Krankenhausverein IQM, veröffentlicht in der *Ärzte Zeitung* vom 12. März 2021. Dort hieß es: »Unsere Kliniken standen 2020 nie an der Belastungsgrenze.«

Genau darauf hat Hendrik Streeck hingewiesen – und wurde umgehend diffamiert. Auf Twitter kursierte bald das Hashtag #SterbenmitStreeck. Dazu wurde dann auch noch ausgegraben, dass Streecks Großvater Hans Streeck während der NS-Zeit als

Arzt im IG Farben-Werk Auschwitz tätig war. Was mit der aktuellen Lage in absolut keinem Zusammenhang stand.

Vergleichbares ist dem Epidemiologen Klaus Stöhr widerfahren, der unter anderem von 2004 bis 2006 Koordinator des globalen Influenza-Programms der WHO war – also auch er ein Fachmann. Mit der Folge, dass inzwischen selbst ausgewiesene Experten ihre Meinung oder auch Kritik am politischen Vorgehen oft nur noch hinter vorgehaltener Hand aussprechen.

Ein weiteres Beispiel ist der Internist Professor Dr. Matthias Schrappe von der Universität zu Köln, der sich mit seiner Kritik am RKI und der Lockdown-Strategie der Bundesregierung zwar nicht mundtot machen lässt, aber von der Regierung und den regimetreuen Wissenschaftlern ignoriert wird. Aufgrund seines wissenschaftlichen Leistungsnachweises ist er ein gutes Beispiel dafür, wie kritische Stimmen in den Expertengremien, die die Regierung beraten, systematisch ausgeschlossen werden. Mit diesem Vorgehen fügen aber die Regierung und die sie unterstützenden Wissenschaftler der offenen Gesellschaft schweren Schaden zu.

Auf internationaler Ebene haben sich diejenigen Medizinerinnen und Mediziner, die empfehlen, die gegenwärtige Pandemie wie alle früheren Pandemien rein medizinisch mit Fokus auf den Schutz der Risikogruppen zu bekämpfen, in der *Great Barrington Declaration* zusammengefunden, die am 5. Oktober 2020 veröffentlicht wurde. Die Deklaration wurde von drei weltweit führenden Medizinern verfasst: Jay Bhattacharya (Stanford), Sunetra Gupta (Oxford) und Martin Kulldorff (Harvard). Bis Mitte März 2021 haben über 13 000 Wissenschaftler aus dem Bereich der Medizin, über 40 000 Ärzte und medizinische Fachkräfte sowie über 750 000 Bürgerinnen und Bürger die Deklaration unterzeichnet. Darunter befinden sich auch einige deutsche Mediziner. So zum Beispiel Professor Günter Kampf, Facharzt für Hygiene und Umweltmedizin in Hamburg und der Universität Greifswald angegliedert, der auch ein sehr lesenswertes Buch zum Umgang mit der Corona-Pandemie verfasst hat. Die Deklaration wurde in Great Barrington formuliert, am Sitz des American Institute of Economic Research (AIER). Dieses ist ein klassisch-liberaler und libertärer Thinktank in den USA, der sich für Freiheit in allen Bereichen einsetzt und gegen autoritäre Tendenzen von links wie rechts Stellung bezieht. Die Website des AIER hat sich seit März 2020 zu der weltweiten Plattform der Kritiker der Lockdown-Politik in der Wissenschaft entwickelt, und zwar unabhängig von deren politischer Orientierung. So ist Sunetra Gupta zum Beispiel eine Sozialistin, die angesichts der sozialen Folgen gegen die Lockdown-Politik argumentiert. Dennoch fand und findet bis heute keine sachliche Auseinandersetzung mit der *Great Barrington Declaration* statt. Deren Inhalt wird verzerrt dargestellt. So fordert die Deklaration zum Beispiel nicht, Herdenimmunität aktiv herbeizuführen, sondern stellt lediglich fest, dass Virusausbrüche in der Regel dadurch enden, dass Herdenimmunität erreicht wird. Die Unterzeichner der Deklaration werden verunglimpft.

Der Umgang mit der *Great Barrington Declaration* ist wiederum ein Beleg dafür, dass führende Wissenschaftler, die bisher Koryphäen in ihrem Gebiet und weltweit hoch anerkannt waren, sobald sie sich skeptisch äußern gegenüber dem Strategiewechsel zu politisch repressiven Maßnahmen, als inkompetent hingestellt und verleumdet werden. Natürlich kommt es vor, dass einzelne Wissenschaftler, die bisher führend waren, eine neue Entwicklung nicht mehr mittragen. Aber es kann nicht sein, dass alle, die Kritik üben an dem

Strategiewechsel weg von der traditionellen, medizinischen Bekämpfung hin zu politischen, repressiven Maßnahmen plötzlich ihren Verstand verloren haben. Hier wird systematisch die sonst in der Wissenschaft übliche Debatte unterdrückt. Politische Propaganda tritt an die Stelle von wissenschaftlicher Auseinandersetzung mit verschiedenen Positionen.

Es findet zwar weiterhin eine wissenschaftliche Debatte statt, nur wird versucht, diese zu unterdrücken, damit bestimmte Wissenschaftler öffentlich im Namen der Wissenschaft sprechen, sodass sie die Legitimation für die wissenschaftlichen Maßnahmen liefern.

Und noch etwas: Bereits Mitte März 2020 im Rahmen der Ferguson-Studie war klar, dass es sich beim Thema Covid-19 nicht um eine Angelegenheit von wenigen Wochen handeln würde. Die Leopoldina als Nationale Akademie der Wissenschaften hat dennoch immer wieder suggeriert, es würde sich nur um einen kurzen Lockdown handeln – etwa über Ostern oder dann über Weihnachten. Tatsächlich aber hieß es bereits in der Ferguson-Studie, man werde die Lockdowns durchhalten müssen, bis die sogenannte Herdenimmunität in der Bevölkerung durch Impfung erreicht sei. Geschätzt wurde, das werde vermutlich 18 Monate in Anspruch nehmen. Während dieser Zeit allerdings werde man zwischendurch die Maßnahmen immer wieder einmal lockern können. Das aber wurde in Deutschland nie in dieser Deutlichkeit kommuniziert. Niemand hat der Bevölkerung in aller Deutlichkeit erläutert, die Strategie der Lockdowns sei keine Sache von ein paar Wochen. Es fand also in gewissem Maße eine Irreführung der Öffentlichkeit statt, weil das wahre Ausmaß der Dauer der Maßnahmen verschleiert wurde. Das erklärt nicht zuletzt den Unmut, der inzwischen aufgekommen ist, weil den Menschen suggeriert wurde, der aktuelle Lockdown sei bald zu Ende, danach könne man zur Normalität zurückkehren.

Hätte man den tatsächlichen Umfang der notwendigen Maßnahmen über 18 Monate schon zu Beginn kommuniziert, wäre allerdings mehr als fraglich gewesen, ob die Menschen bereit gewesen wären, diesen Verlautbarungen zu folgen, selbst wenn man gesagt hätte, es sei wissenschaftlich notwendig, über 18 Monate (oder zumindest über einen großen Teil dieser Zeit) Schulen, Restaurants, Fitnessstudios, Kinos, Universitäten und weite Teile des Einzelhandels geschlossen zu halten. Tatsächlich wäre das in der Realität mit hoher Wahrscheinlichkeit undenkbar gewesen.

Kapitel 4

Kollateralschäden? Wie die Corona-Massnahmen unsere Zukunft aufs Spiel setzen

Schon früh haben sich Studien mit der Frage des Verhältnisses von Kosten und Nutzen eines Lockdowns befasst. Dabei ging es auch um die Frage, wie viele Todesfälle durch Lockdowns verhindert oder wie viele Lebensjahre durch die Einschränkungen des öffentlichen Lebens gerettet werden könnten. Hinzu kam noch die Frage, was all das kosten würde.

Im Endeffekt kamen alle vorliegenden Studien vor diesem Hintergrund zu einem negativen Ergebnis. Die Kosten beziehungsweise Schäden durch die Lockdowns sind demnach höher als der dadurch entstandene Nutzen.

Zum besseren Verständnis ein Beispiel: Es gibt sehr viele Krebstote, und natürlich werden immer wieder Medikamente entwickelt, um das Leben der Erkrankten zu verlängern – etwa um sechs oder zwölf Monate. Dabei kommt dann wieder die

Frage auf, was das kosten darf. Umfragen haben ergeben, dass die Gesellschaft etwa in den USA bereit ist, Kosten von 50 000 Dollar pro Erkrankten zu tragen, wenn das Medikament das Leben der Person um ein Jahr verlängert. Denn so emotionslos es sich auch anhört: Es handelt sich ja um Gelder, die dann an anderen Stellen wieder fehlen – weil sie etwa nicht in die Bildung investiert werden können. Sie fehlen also, um andere Dinge zu tun, die gesellschaftlich wünschenswert wären.

Nun zurück zu den Corona-bedingten Lockdowns: Aus wissenschaftlicher, politisch unvoreingenommener Sicht ist es ganz deutlich, dass die Bilanz der Lockdowns negativ ausfällt. Das war bereits spätestens im Sommer 2020 klar. Im Idealfall hätte man daher die zuvor aufgestellten Hypothesen korrigieren und erklären müssen, die Kosten und Schäden der Lockdowns unterschätzt zu haben. Nicht zuletzt hätte sich die Politik auch dafür entschuldigen müssen, zuvor falsche Handlungsempfehlungen gegeben zu haben. All das aber hat nicht stattgefunden.

Zur Verdeutlichung: Es gibt eine ökonomische Bilanz, die das Institut der deutschen Wirtschaft (IW) in Köln aufgestellt hat. Dessen Berechnungen zufolge (Stand 13. März 2021) haben sich die Schäden durch den Lockdown auf eine Höhe von 50 Milliarden Euro summiert.

Eine weitere Untersuchung, datiert vom 19. Dezember 2020, stammt vom American Institute of Economic Research (AIER) und gelangt zu demselben Schluss: Der Lockdown verhindert Schäden nicht, sondern verteilt diese nur um mit insgesamt negativem Saldo. Außerdem heißt es in besagter Studie, langfristige Lockdowns würden zu steigenden Sterbezahlen führen. Was wiederum durch Äußerungen von Wissenschaftlern gestützt wird. Das alles bezieht sich allerdings nicht allein auf ökonomische Schäden, etwa vor dem Hintergrund, was

Menschen hätten verdienen können, hätte es keinen Lockdown gegeben. Was Kritiker natürlich so interpretieren könnten, man würde den Lockdown allein aus dem Grund beenden wollen, um der Wirtschaft zu helfen. Tatsächlich aber geht es hier nicht um »die Wirtschaft« gegen »die Gesundheit«. Vielmehr ist es so, dass die Schäden durch Übersterblichkeit und gesundheitliche Schäden durch den Lockdown ansteigen. Warum? Betrachten wir dazu einen ganz wichtigen Punkt – die Vorsorgeuntersuchungen. All die erwähnten Maßnahmen haben auch zur Folge, dass sehr viele Menschen nicht mehr zu den Vorsorgeuntersuchungen gehen. Gerade für Ältere kann es problematische oder gar lebensbedrohliche Folgen haben, wenn sie ihre Krebsvorsoge oder auch die Herz-Kreislauf-Untersuchungen nicht mehr wahrnehmen. Einfach ausgedrückt sterben diese Menschen letztlich etwas früher – ebenso wie ein Mensch, der an einer Virusinfektion erkrankt und schließlich daran stirbt. Die negative Kosten-Nutzen-Rechnung besagt daher, es gingen durch die ergriffenen Maßnahmen mehr Lebensjahre verloren, als auf diese Weise gewonnen werden können.

Für Deutschland wird dieses zum Beispiel in der im Juli 2020 veröffentlichten Studie *Verhältnismäßigkeit in der Pandemie: Geht das?* des Freiburger Wirtschaftswissenschaftlers Bernd Raffelhüschen gezeigt. Gleiches gilt für andere Länder. Für das Vereinigte Königreich zum Beispiel liegen entsprechende Studien ebenfalls seit Sommer 2020 vor, so in der am 10. August 2020 im *International Journal of Clinical Practice* publizierten Studie von David K. Miles, Michael Stedman und Adrian H. Heald, »Stay at home, protect the National Health Service, safe lives: a cost benefit analysis of the lockdown in the United Kingdom«.

In den vergangenen Jahrzehnten hat es immer wieder größere Grippewellen gegeben, die ohne Lockdown-Maßnahmen überstanden wurden. Während all dieser Epidemie-Wellen war nie ein eklatanter Rückgang der Wirtschaft zu verzeichnen. Gleichzeitig befanden sich die Menschen auch nicht in einer derartigen Angststarre, dass sie etwa nicht mehr zu ihren anstehenden Vorsorgeuntersuchungen gegangen wären. Heute wiederum warnen Ärzte vor einer Übersterblichkeit, die jedoch nicht durch das Coronavirus entsteht, sondern durch den Lockdown und die herrschende Angst vor den Ansteckungen – und vermutlich auch vor den Maßnahmen.

Geht es aber um die Behandlung von Krankheiten, dann ist durchaus die Frage berechtigt, wie hoch die durch die Behandlung gewonnene Lebenszeit ausfällt – wobei dann auch die durchschnittliche Lebenserwartung der Menschen zu beachten ist. Geht es nun um die Alten- und Pflegeheime, in denen die Mehrzahl der Corona-Fälle auftritt, liegt die Verweildauer der Bewohner dort bei durchschnittlich zweieinhalb Jahren – was auch der Lebenserwartung dieser Menschen entspricht. Bei den dort Erkrankten handelte es sich vor allem um Bewohner, die schon länger in einem Heim lebten – ihre Lebenserwartung lag daher auch bei weniger als besagten zweieinhalb Jahren.

Hierbei handelt es sich natürlich um kalte Zahlenspiele, nicht um eine emotionale Herangehensweise. Das mag manchem befremdlich erscheinen, doch diese Zahlen dienen in erster Linie dazu, die Fakten zu verdeutlichen. Nun zurück zu den Lebensjahren. Nimmt man vor diesem Hintergrund beispielsweise 30 000 Corona-Tote in den Heimen an, dann bedeuten diese einen Verlust von maximal 60 000 Lebensjahren – weil jede dieser Personen noch eine Lebenserwartung von maximal zwei Jahren hatte. Das hängt wiederum auch damit zusammen, dass die meisten auch schon unter verschiedenen Vorerkrankungen litten, man es also auch nicht mit der Lebenserwartung eines älteren, aber gesunden Menschen zu tun hatte.

Im Endeffekt sieht es leider so aus, dass durch den Lockdown mehr Lebensjahre verloren gehen, als durch ihn maximal hätten gewonnen werden können. Der Lockdown führt nämlich zu ökonomischen, medizinischen sowie psychischen Schäden. Letztere vor allem, wenn ein Lockdown so lange anhält, wie es letztens der Fall gewesen ist. Hinzu kommen dann noch die nicht zu vernachlässigenden gesellschaftlichen Schäden, die sich etwa in der Spaltung der Gesellschaft ausdrücken – bis hin zu den Blockwartmentalitäten, kleinteiligen Überwachungsmustern von Nachbarn, Mitbürgern, Supermarktangestellten und vielen anderen, die wir längst hinter uns gelassen zu haben hofften und die jetzt in der Krise wieder hochkommen. Es ist bestürzend, das miterleben zu müssen. Und das ist eindeutig vonseiten der Politik ausgelöst worden, indem immer wieder behauptet wurde, das Steigen der Infektionszahlen oder Inzidenzen sei auf eine kleine Minderheit zurückzuführen, die sich nicht an die Regeln halte. Das war aus der Luft gegriffener Unfug, der einen verheerenden gesellschaftlichen Flurschaden hinterlassen hat und weiter hinterlassen wird. Darüber wird man als Gesellschaft nach Corona nicht einfach wieder zur Tagesordnung zurückkehren und normal miteinander weiterleben können. Leider.

Geht man aber nur der Frage nach, wie viel die Gesellschaft zu zahlen bereit ist, um Leben zu verlängern, so ist die Bilanz negativ. Zieht man die Zahl der verlorenen Lebensjahre in Betracht, weil Menschen nicht zu den Vorsorgeuntersuchungen gehen, kann man verschiedene Beispiele dafür anführen, dass mehr Lebensjahre verloren gehen, als man durch die Maßnahmen hätte gewinnen können. Hinzu kommen die Kollateralschäden, die in der Lebensjahre-Rechnung noch nicht enthalten sind. Dazu zählen etwa die psychischen Schäden bei Kindern und Jugendlichen, die sozialen Schäden und nicht zuletzt die gesamtgesellschaftlichen Schäden durch die bereits angesprochene Spaltung der Gesellschaft.

Das wiederum führt zu der Frage, was man hätte anders machen können. Denn bereits im März 2020 besaß man Daten aus anderen vergangenen gesundheitlichen Krisen. Diese Daten allerdings wurden nicht berücksichtigt – was man zu jenem Zeitpunkt vielleicht sogar noch vertreten konnte, da die damalige Situation so neu und anders erschien. Doch spätestens nach dem Ende des ersten Lockdowns hätte man wieder zur Vernunft kommen und die Maßnahmen korrigieren müssen, da man spätestens im Sommer 2020 erkennen konnte, dass der Lockdown empirisch gescheitert war. Denn bald schon lagen Studien vor, in denen Länder verglichen wurden, die Lockdowns verhängt oder aber unterlassen hatten. Diese Untersuchungen kamen vor allem zu einem Ergebnis: dass ein Unterschied nicht zu erkennen war. Natürlich gab es von Land zu Land Unterschiede. Nur waren diese Unterschiede nicht daran festzumachen, ob ein Land einen Lockdown verhängt hatte oder nicht.

KAPITEL 5

RHETORIK DER ANGST – WIE STÄNDIG NEUE DROHKULISSEN AUFGEBAUT WERDEN

Bei uns hätte man also spätestens im Sommer 2020 eingestehen müssen, dass die bis dahin verfolgte Strategie gescheitert war.

Es gab aber ein Mittel, das der Politik überhaupt erst erlaubt hat, die bewährten Mechanismen auszuhebeln: der PCR-Test, auf dem auch die seit Herbst 2020 allgegenwärtigen Inzidenzwerte basieren. Dieser Test nach der Methode Polymerase-Kettenreaktion soll dazu dienen, das SARS-CoV-2-Virus nachzuweisen. Tatsächlich haben wir einen solchen Test bei vergangenen Infektionswellen mit respiratorischen Viren nie gehabt. Der PCR-Test trat in dieser Form und Verwendung erst 2020 auf den Plan.

Ohne den PCR-Test wiederum hätte sich nie diese Situation ergeben. Denn ohne diesen Test würden wir nur ermitteln können, wo und ob es Engpässe in Zusammenhang mit der Belegung von Intensivbetten bestehen oder ob besonders viele Menschen sterben – die sogenannte Übersterblichkeit. Aber die Situation wäre immer vergleichbar gewesen mit anderen Wellen von respiratorischen Viren in anderen Winterhalbjahren. Und wir hätten vor saisonal nicht sonderlich auffälligen Todeszahlen gestanden – inklusive einer geringen Übersterblichkeit bei den über 85-Jährigen etwa in Schweden. Der Vergleich mit anderen größeren Grippewellen würde jedoch kaum Auffälligkeiten zutage fördern. Entwickelt wurde der PCR-Test von dem bereits mehrmals erwähnten Virologen Christian Drosten und seinem Team, die im Januar 2020 darüber einen Artikel im *Journal Eurosurveillance* veröffentlichten. Dieser Artikel wurde für wissenschaftliche Maßstäbe außergewöhnlich schnell zur Veröffentlichung angenommen, nämlich nach einem nur einen Tag dauernden »Peer-Review-Verfahren«, einem Verfahren zur Qualitätssicherung durch unabhängige Gutachter aus dem gleichen Fachgebiet.

Dazu ist noch etwas anzumerken: In der Wissenschaft ist es üblich, dass bei der Veröffentlichung eines solchen Artikels oder Papers darauf hingewiesen wird, wenn im Zusammenhang mit dessen Inhalt auch *mögliche* Interessenkonflikte vorliegen. In diesem Paper jedoch, das den PCR-Test behandelt, finden sich zwei Co-Autoren, die ganz klar einen Interessenkonflikt hatten – weil beide unter anderem als Geschäftsführer an der Firma beteiligt waren, die besagten PCR-Test herstellt und vermarktet. Inzwischen ist dieser Interessenkonflikt bekannt – er wurde rund vier Monate nach der Veröffentlichung des Artikels nachgetragen. Das ist nachweislich belegt. Letztlich bedeutet dies aber vor allem, dass das Paper ohne diesen Hinweis nicht hätte veröffentlicht werden dürfen. Es war zumindest keine gute wissenschaftliche Vorgehensweise.

Zunächst mag all das wie etwas rein Formales klingen, tatsächlich verbirgt sich dahinter aber weit mehr. Inzwischen sind mit diesem Test Milliardensummen verdient worden, was nicht einmal verwerflich ist – so etwas kommt im Pharmabereich durchaus vor. Dennoch hätte man sich bei der Veröffentlichung an die wissenschaftlichen Kriterien halten müssen.

Hinzu kommt, dass Kritik an den PCR-Tests von vielen Seiten laut wurde. Zum einen liefert der PCR-Test relativ viele falsch positive Ergebnisse. Wobei der Begriff »relativ viele« erläutert werden muss. Denn die tatsächlichen Prozentzahlen mögen sich für den Laien auf den ersten Blick eher niedrig anhören. Wir reden nämlich von zwei bis drei Prozent – was im Umkehrschluss ja bedeutet, dass 97 oder 98 Prozent der Tests ein korrektes Ergebnis aufweisen. Doch auch wenn sich dieser Wert gering anhören mag, hat er in der Realität eine Vielzahl falscher Ergebnisse zur Folge. Unterzieht man etwa eine Million Menschen einem PCR-Test, dann betreffen zwei bis drei Prozent falscher Ergebnisse eben 20 000 bis 30 000 Menschen. Schickt man nun nach einem positiven Corona-Test 50 000 Menschen in Quarantäne und stellt schließlich fest, dass 20 000 bis 30 000 dieser Menschen überhaupt nicht infiziert sind, dann hat man ein echtes Problem. Allein in Deutschland werden – Stand Anfang März 2021 – täglich rund 150 000 dieser Tests durchgeführt (Tendenz seit Februar wieder steigend) – was 3000 bis 4500 falsche Ergebnisse pro Tag bedeutet.

Anders ausgedrückt: Wir alle haben uns inzwischen daran gewöhnt, dass das Robert Koch-Institut (RKI) täglich eine Übersicht der gemeldeten neuen Corona-Fälle, Todeszahlen und 7-Tage-Inzidenzen nach Bundesland und Landkreis veröffentlicht. Liegt man aber etwa bei den positiven Fällen um

3000 oder 4500 Fälle daneben beziehungsweise falsch, dann könnten sich die realen Fallzahlen (Stand Anfang März) von circa 5000 bis 9000 positiven Fällen pro Tag womöglich um die Hälfte oder mehr reduzieren.

Auch das wiederum zählt zum Missbrauch der Wissenschaft durch die Politik. Denn wissenschaftsintern müsste im Grunde eine Diskussion stattfinden, ob der PCR-Test überhaupt angemessen ist. Die Ergebnisse dieser Diskussion müssten dann kommuniziert werden, wodurch ein weiterer Pfeiler der herrschenden Politik zusammenbrechen dürfte. Es würde nämlich nicht mehr nur darum gehen, dass die Zahl der Infektionen an sich schon nicht sehr aussagekräftig ist, sondern dass diese Zahl außerdem noch sehr fehlerbehaftet ist.

Ein zweiter, sehr wesentlicher Punkt: Ein positiver Test ist nicht gleichbedeutend mit einer Infektion. Es ist lediglich ein Test – der nur Virus-RNA entdeckt, nicht automatisch auch tatsächlich infektiöse Viren. Ob die getestete Person also wirklich infiziert ist, ist damit noch nicht gesagt.

Vor diesem Hintergrund stellt sich die Frage, ab wann denn ein PCR-Test als positiv gilt. Denn das ist weniger eindeutig geregelt, als man annehmen mag. Zum einen gibt es den sogenannten Ct-Wert (Cut-off-Wert). Einfach ausgedrückt heißt es, dass ein Mensch nicht mehr ansteckend ist, wenn dieser Wert überschritten ist. Doch welcher Wert für diese Einstufung herangezogen wird, das wird sehr unterschiedlich gehandhabt. Das Robert Koch-Institut etwa empfiehlt einen Ct-Wert von 30. In den meisten Studien, etwa denen von Hendrik Streeck, konnten sogar schon bereits ab einem Wert von 25 keine aktiven Viren mehr gefunden werden. Doch selbst wenn man den vom RKI empfohlenen Wert von 30 heranzieht, dann bedeutet dies, dass ab einem Ct-Wert von 30 keine aktiven Viren mehr gefunden werden. Das Labor von Drosten und andere arbeitet jedoch nachweislich mit Ct-Werten von 38 bis über 40. Allein das kann zu einem deutlichen Unterschied bei den täglich gemeldeten Infektionszahlen führen. Nebenbemerkung: Der Münchner Statistiker Göran Kauermann bezeichnete in einem Interview mit *Focus* am 31. Januar 2021 die Datenqualität des RKI als »eine einzige Katastrophe«.

Schaut man nun ins Ausland, dann treten weitere Unterschiede zutage. In China gibt es angeblich sehr wenige positive Tests. Das liegt zum Teil sicher daran, dass dort insgesamt weniger getestet wird – oder jedenfalls nur dann, wenn man einen lokalen Ausbruch vermutet. Zu berücksichtigen ist aber auch noch die Frage, wie viele verschiedene Abschnitte des Virus-Genoms gefunden werden müssen, damit der Test als positiv gilt. In asiatischen Ländern scheinen deutlich mehr Gene (etwa sechs) gefunden werden zu müssen als etwa in europäischen Ländern, wo es oft nur zwei oder drei sind. Das kann aber einen enormen Unterschied hinsichtlich der Zahl der positiven Testergebnisse ausmachen.

Hinzu kommt, dass in diesem Zusammenhang viel Unklarheit und Intransparenz herrscht: Mit welchen Ct-Werten arbeiten denn nun die Labore im ganzen Land, die ihre Testergebnisse an das RKI übermitteln? Das ist auch durchaus relevant.

Noch etwas darf nicht verschwiegen werden: Der eigentliche Erfinder der PCR-Methode ist der im Jahr 2019 verstorbene amerikanische Chemie-Nobelpreisträger Kary Mullis. Mullis erhielt seinen Nobelpreis im Jahr 1993 für die Entwicklung der Polymerase-Kettenreaktion (PCR), die sich zu einer der wichtigsten Methoden der modernen Molekularbiologie entwickelt hat. Eingesetzt wird diese Methode unter anderem beim Kampf gegen Erbkrankheiten oder auch im Zusammenhang mit dem Klonen. Immer wieder aber hat Mullis betont, man könne den

PCR-Test auf gar keinen Fall nutzen, um Virusinfektionen nachzuweisen. Denn dabei könne man im Grunde beliebig viel nachweisen. Mullis hat sogar ausdrücklich vor der Verwendung des Tests in diesem Zusammenhang gewarnt. Sein Tod hat verhindert, dass Mullis miterleben konnte – oder musste –, wie sein Test für die Coronakrise regelrecht missbraucht wurde.

Natürlich kann man auch das Argument vorbringen, dass ein Instrument, das zu einem Zweck entwickelt wurde, sich auch in anderem Zusammenhang nutzen lässt. Aber wenn die Warnung des Erfinders bereits aussagt, mit diesem Instrument lasse sich – bei dieser Art von Verwendung – beliebig viel finden, man könne also ein Virus damit im Grunde überall nachweisen, dann ist das doch eine deutliche Warnung, die man nicht hätte ignorieren sollen.

Ohne den PCR-Test hätte die Politik nie so lange an dem Bild einer herrschenden Pandemie festhalten können. Denn allein der Blick auf die angeblichen Infektionszahlen und die Inzidenzwerte – bei denen es sich tatsächlich ja nur um positive Testergebnisse handelt – hält die Menschen in dem Glauben an eine äußerst bedrohliche Situation. Daran, dass wir alle im Grunde ständig und überall von gefährlichen Killerviren umgeben sind.

Und schließlich muss man berücksichtigen, wann und in welchem Kontext der PCR-Test eingesetzt wird – insbesondere bei den (sogenannten) Corona-Toten. Ein großer Teil dieser Personen ist nicht *an*, sondern *im Zusammenhang mit* Corona gestorben. Es handelt sich um Menschen, die in einem durchschnittlichen Alter von 84 Jahren gestorben sind – und bei denen ein Corona-Test mit positivem Ergebnis durchgeführt wurde. Wann sie jedoch diesem Test unterzogen wurden, weiß man nicht. Zudem sind viele dieser Menschen außerdem auch an den Folgen von Krebs im Endstadium, an Herzinfarkt oder anderen schweren gesundheitlichen Problemen gestorben. In diesem Zusammenhang ist noch etwas anderes interessant: In den USA etwa werden auch Menschen als Corona-Tote eingestuft, bei denen ein positiver Corona-Test durchgeführt wurde, die letztlich jedoch einem Verbrechen zum Opfer fielen. Wird die positiv getestete Person also erschossen, dann gilt sie als Corona-Tote. Kaum zu glauben, doch es entspricht den Tatsachen.

Als eine über Zweifel weitgehend erhabene Methode zur Untersuchung einer Todesursache gilt die Autopsie. Vor dem Hintergrund der Frage, ob ein Mensch an Corona gestorben ist, sind in diesem Zusammenhang die Untersuchungsergebnisse des Rechtsmediziners Klaus Püschel bemerkenswert, der bis 2020 Direktor des Instituts für Rechtsmedizin am Universitätsklinikum Hamburg-Eppendorf (UKE) war. Püschel und sein Team obduzierten 140 Menschen, die in Zusammenhang mit Covid-19 gestorben waren. Alle untersuchten Verstorbenen litten zu Lebzeiten unter mindestens einer Vorerkrankung. 80 Prozent etwa wiesen Herz-Kreislauf-Erkrankungen auf, außerdem waren die Obduzierten im Durchschnitt 80 Jahre alt. Das wirft wiederum ein sehr negatives Licht auf die Aussagekraft des PCR-Tests als Maßstab für die Gefährlichkeit des Virus.

Selbst wenn man die Zahl der Toten als Maßstab nimmt, dann muss man auch den direkten Vergleich zu anderen Krankheitswellen anstellen, insbesondere zur Influenza. Hier stellt man überraschenderweise fest, dass die sonst allgegenwärtige Influenza plötzlich seit Sommer 2020 so gut wie verschwunden ist. Die Corona-Verteidiger sagen dann, das liege daran, dass wir so viele Maßnahmen, etwa Masken, eingeführt hätten. Aber seltsamerweise ist die Influenza auch in Schweden verschwunden – ohne die Maßnahmen, an denen es daher

offensichtlich nicht liegen kann. Es drängt sich die Schluss-
folgerung auf: Könnte es sein, dass Menschen, die sonst –
ebenfalls im deutlich fortgeschrittenen Alter und mit Vorerkrankungen – an der Influenza gestorben wären, nun
einfach an Covid-19 sterben? Das eine Virus ersetzt schlicht
das andere. Vieles deutet darauf hin.

Es bleibt ein trauriger, absoluter Tiefpunkt der Rhetorik der
Angst zu nennen: Wer Kindern Angst einjagt, indem er ihnen
erzählt, sie könnten am Tod ihrer Eltern oder Großeltern
schuld sein, wenn sie nicht Abstand hielten oder Ähnliches,
der verdient nur noch eins: Verachtung.

KAPITEL 6

EINSEITIGE POLITIKBERATUNG – WIE DIE WISSENSCHAFT VOR DEN KARREN DER REGIERUNG GESPANNT WIRD

In eigener Sache

Während des Sommers 2020 gab es tatsächlich auch einmal Lichtblicke in Zusammenhang damit, welchen wissenschaftlichen Stimmen Gehör geschenkt wurde. Man konnte den Eindruck gewinnen, dass tatsächlich auch einmal andere und vielleicht sogar kritische Stimmen zu Wort kamen. Dazu gehört der Umstand, dass Gesundheitsminister Jens Spahn Anfang September erklärte, man wisse inzwischen mehr über das Virus, und mit dem aktuellen Wissen würde man sicher manche Dinge anders machen, als es in den Monaten zuvor der Fall gewesen war. Man würde etwa nicht mehr vorsorglich alles schließen und das Land mit einem Lockdown belegen. Dann jedoch kam der Herbst, und alles wurde nur noch schlimmer.

Denn seitdem ging es um steigende Inzidenzwerte, die wiederum auf den in ihrer Aussagekraft umstrittenen PCR-Tests beruhen. Man kann sich des Eindrucks nicht erwehren, dass seitdem in deutlich stärkerem Maße versucht wurde, kritische Stimmen aus der Wissenschaft zu unterdrücken. Ein Beispiel dafür ist das, was ich, Christoph Lütge, selbst erlebt habe. Im Laufe des Jahres 2020 hatte ich bereits mehrfach deutlich Kritik an Corona-Maßnahmen geübt, so etwa am ersten Lockdown, den ich bereits damals für die falsche Entscheidung hielt – so in der am 12. Mai 2020 in Münster geführten Diskussion mit der Juristin und Philosophin Frauke Rostalski über Exit-Strategien des Corona-Lockdowns aus ethischer Sicht –, als auch allgemein an der (Un-)Verhältnismäßigkeit der Maßnahmen, wie ich in meinem Beitrag im Journal *Wirtschaftliche Freiheit* am 27. Mai 2020 darlegte. Als es dann Mitte Dezember – nach all dem Gerede, ein Lockdown sei unbedingt zu vermeiden – doch wieder in den nun harten Lockdown ging, platzte mir tatsächlich die berühmte Hutschnur, und ich äußerte scharfe Kritik in einem Video-Interview mit *Bild-Live*. Veröffentlicht wurde das Interview dort unter dem Titel »Ethik-Professor rechnet mit der Corona-Politik ab« und dem Zusatz »Das ist ein Offenbarungseid«. Ich machte auf die Schäden infolge eines Lockdowns aufmerksam und auch darauf, dass die vorliegende Datensituation nicht so eindeutig war, wie man die Menschen glauben machte. Ich wies auch auf die bekannten Alternativen hin, nämlich die Wege, die andere Länder (Schweden, Florida u. a.) beschritten hatten und die ohne solche Maßnahmen wie bei uns genauso oder sogar besser dastanden. Ich sprach zudem die bestehenden Probleme mit dem PCR-Test an.

Offenbar waren solche Stimmen aus der Sicht mancher unerwünscht, und man versuchte, sie zum Schweigen zu bringen. Was nun den Bayerischen Ethikrat ins Spiel brachte, dessen

Funktion laut offizieller Formulierung darin bestehen soll, den Ministerpräsidenten sowie die gesamte bayerische Staatsregierung »in entscheidenden Zukunftsfragen unserer Gesellschaft« zu beraten. Das Gremium wurde vom Ministerrat am 1. Oktober 2020 eingesetzt und beschäftige sich mit der gesamten Bandbreite ethischer Fragen. Ich selbst wurde in diesen Ethikrat berufen, der zum ersten Mal Anfang Dezember tagte – in dieser Sitzung allerdings wurde über kaum mehr als die Geschäftsordnung gesprochen. In den folgenden Wochen äußerte ich mich dann neben dem *Bild*-Interview noch mehrmals kritisch zur herrschenden Corona-Politik (wobei ich übrigens immer betonte, nicht für den gesamten Ethikrat zu sprechen).

Nun muss man wissen, dass der Bayerische Ethikrat im Gegensatz zum Deutschen Ethikrat direkt von der bayerischen Staatsregierung eingesetzt wird. Beim Deutschen Ethikrat reichen die im Bundestag vertretenen Parteien Vorschläge für die Besetzung des Rates ein. Diese Vorschläge werden in der Regel angenommen (wobei es allerdings auch schon Ausnahmen gab). In Bayern hingegen werden die Vertreter beziehungsweise Mitglieder des Ethikrates von der Staatsregierung bestimmt. Was letztendlich dazu führte, dass ich einen Brief von der Bayerischen Staatskanzlei erhielt. Darin hieß es, ohne weitere Begründung, dass die Berufung in den Bayerischen Ethikrat widerrufen wurde. Ich selbst nahm dies achselzuckend zur Kenntnis und unternahm daraufhin nichts. Allerdings fand die Redaktion der *Bild*-Zeitung etwa eine Woche später heraus, dass mein Name in der Liste der Mitglieder nicht mehr aufgeführt war. Man fragte daraufhin bei den zuständigen Stellen nach und ließ sich meine Entfernung aus dem Ethikrat bestätigen. Eine Sprecherin erklärte in diesem Zusammenhang, am 2. Februar 2021 habe der Ministerrat »einstimmig beschlossen«, meine

Bestellung in den Ethikrat zu widerrufen. Woraufhin *Bild* wiederum darüber berichtete – und diesmal auch viele andere Blätter. Bei *Bild* hieß es am 11. Februar 2021: »Söder schmeißt kritischen Professor aus dem Ethikrat« mit dem Zusatz »Prof. Lütge warnte vor dem Lockdown«. Der Bericht selbst begann mit der Frage: »War dieser Mann zu kritisch für Markus Söder?«

Dass meine Entfernung aus dem Rat mit meinen Äußerungen zum Lockdown zusammenhing, war naheliegend. Worauf auch die Äußerungen der Sprecherin hindeuteten, auch wenn sie dies nicht so deutlich formulierte. Laut dem Bericht der *Bild*-Zeitung erklärte sie jedoch, meine Abbestellung hänge mit meinen wiederholten Äußerungen zusammen, »die mit der verantwortungsvollen Arbeit im Ethikrat nicht in Einklang« zu bringen seien. Sie könnten dem Ansehen des Gremiums auf Dauer sogar Schaden zufügen. Konkrete Beispiele jedoch blieb man schuldig.

Mir wurde in diesem Zusammenhang auch vorgeworfen, ich hätte behauptet, das Durchschnittsalter der Corona-Toten läge bei 84 Jahren – und so etwas dürfe man nicht sagen. Der Leiter der Staatskanzlei, Florian Herrmann, erklärte sogar, solche Aussagen seien einfach verstörend – obwohl es sich um nichts anderes als Tatsachen handelte (was eine schlichte Tatsache ist, auch das RKI gibt in seinem täglichen »Lagebericht zur Coronavirus-Krankheit« den Altersmedian so an). Ich selbst habe dann in Interviews (etwa in der *Neuen Zürcher Zeitung* am 12. Februar 2021) erklärt, dass ich meinerseits die Corona-Maßnahmen der Politik als verstörend empfinde – jene Politik, die Kinder von den Schulen fernhält, zahlreiche psychische und soziale Kollateralschäden hinterlässt und die große Teile der Wirtschaft handlungsunfähig macht.

Im Endeffekt, glaube ich, kann man sagen, dass mein Fall und andere vergleichbar gelagerte Fälle doch dazu führten, dass die Stimmung im Lande in gewissem Maße kippte. Die Menschen erkannten, man könne nicht einfach Stimmen zum Schweigen bringen, die offensichtlich nicht aus einem Lager von Corona-Leugnern stammten. Im Englischen kennt man hierfür den Begriff *deplatforming*, also »jemandem die Plattform nehmen«. Gebräuchlich war und ist dieser Begriff vor allem in Zusammenhang mit sozialen Netzwerken. Etwa wenn dort Einzelne oder ganze Gruppen dauerhaft von Netzwerken ausgeschlossen werden – aber eben nicht nur dort. In meinem Fall hatte man gedacht, man könnte sich des Problems einfach dadurch entledigen, dass man mich aus dem Gremium entfernen, man mir also auf diese Weise die Plattform nehmen konnte. Natürlich war das Problem damit nicht ausgestanden, weil in unseren Zeiten so etwas wie der Ethikrat eben nicht die einzige Plattform darstellt, auf der man eine Meinung vertreten kann. In meinem Fall hat mir der Ausschluss aus dem Gremium unter anderem einige Tausend zusätzliche Follower auf Twitter beschert. Und ich erhielt auch sonst viel Zuspruch, per Messenger, Mail, Brief und mehr, national (auch aus der CSU) wie international. Sogar der Deutsche Hochschulverband – die Standesvertretung der Professoren – schickte einen offiziellen Brief an die Bayerische Staatskanzlei und drückte darin seine Sorge über die Wahrung der Wissenschaftsfreiheit aus.

Doch das alles wäre im Grunde nur eine Randnotiz, wäre mein Fall wirklich ein Einzelfall. Was aber nicht der Fall ist. Ein Beispiel dafür stellt Friedrich Pürner dar, seines Zeichens Facharzt, Epidemiologe und bis zum Winter 2020 Chef des Gesundheitsamtes Aichach-Friedberg bei Augsburg. Besagter Herr Pürner kritisierte ebenfalls die Corona-Politik, vor allem bezogen auf die Situation in Bayern. In diesem Zusammenhang warnte er etwa vor einer »Überdramatisierung« der Lage.

Außerdem forderte er mehr Eigenverantwortung der Bürger im Hinblick auf das Tragen von Masken in der Öffentlichkeit. Das wurde – nicht von ungefähr – als Kritik an der Gesundheitspolitik des Ministerpräsidenten Söder verstanden und führte schließlich dazu, dass die Regierung von Schwaben Pürner an das Landesamt für Gesundheit und Lebensmittelmittelsicherheit versetzte. Ein Gesundheits-Staatssekretär sprach in diesem Zusammenhang davon, dass ein »kritischer Geist« wie Pürner nun eben an anderer Stelle gebraucht werde. Pürner selbst wertete all das als eine Strafversetzung, blieb jedoch weiterhin bei seinen Aussagen.

Sowohl mein Fall als auch der von Pürner stehen grundsätzlich auch für den bayerischen Umgang mit Kritik – doch ähnliche Fälle gab es in der gesamten Bundesrepublik. Bekannt wurde etwa der Fall des Finanzwissenschaftlers Stefan Homburg von der Universität Hannover. Der äußerte sich bereits seit März 2020 öffentlich und kritisch zu den Corona-Maßnahmen in Deutschland. So veröffentlichte er im April des Jahres ein Diskussionspapier mit dem Titel »Effectiveness of Corona-Lockdowns: Evidence for a Number of Countries«. Darin ging es darum, dass Länder mit Lockdowns nicht besser durch die Pandemie gekommen seien als jene, die auf solche Maßnahmen verzichtet hätten. Außerdem veröffentlichte Homburg ebenfalls im April 2020 in der *Welt* einen Artikel unter der Überschrift »Warum Deutschlands Lockdown falsch ist – und Schweden vieles besser macht«. Später trat er auch bei einer Anti-Corona-Demonstration auf und rückte die Bundesregierung schließlich noch in die Nähe einer Diktatur. Im Mai 2020 schließlich veröffentlichten Senat, Präsidium und Hochschulrat der Universität Hannover eine Erklärung, in der sie einerseits auf Wissenschaftsfreiheit und freie Meinungsäußerung hinwiesen, sich andererseits jedoch dezidiert von Homburgs Äußerungen im Zusammenhang mit Covid-19 distanzierten. Zu manchen dieser Äußerungen kann man sicher geteilter Meinung sein. Doch das ist im Grunde gar nicht das Thema. Worum es hier geht, ist vor allem der Umstand, dass sich die Leitung der Universität Hannover von Stefan Homburg distanziert hat. Üblicherweise steht es Universitätsleitungen nicht zu, sich über das zu äußern, was einzelne Mitglieder der Universität sagen. Und im Allgemeinen tun sie das auch nicht. Sind Äußerungen juristisch nicht in Ordnung, dann kann zu den entsprechenden disziplinarischen Mitteln gegriffen werden. Verstößt jemand gegen ein Gesetz, dann werden juristische Maßnahmen ergriffen. Abgesehen davon jedoch ist jeder frei zu sagen, was er denkt.

Diese Fälle grenzen an die Ausübung von Zensur. Denn grundsätzlich hat ein Universitätsprofessor eine besondere Stellung – er ist unabhängig in Forschung und Lehre. Genau das garantiert das Grundgesetz. Das bedeutet auf der anderen Seite für Professoren auch eine besondere Verantwortung. Die besteht darin, dass sie unabhängig zu Themen, die auch die Gesellschaft angehen, Stellung beziehen sollten. Und zwar ohne dafür Repressalien befürchten zu müssen. Verpflichtet ist ein Hochschullehrer letztlich nur dem eigenen Gewissen.

Es hat in Zusammenhang mit Kritik an den Corona-Lockdowns noch weitere Fälle gegeben, die genau dem entgegenstehen. Das trifft zum Beispiel auf den Professor für Geowissenschaften Thomas Aigner von der Universität Tübingen zu, der in einem am 27. Dezember 2020 veröffentlichten Brief seinen Austritt aus der Mainzer Akademie der Wissenschaften erklärte und diesen mit der Untätigkeit der Akademie in Bezug auf ein Gutachten der Leopoldina begründete, das sich am 8. Dezember für einen weiteren harten Lockdown aussprach. Im Grunde ging es hier darum, dass immer alle der

Leopoldina »hinterherdackeln« beziehungsweise der Institution recht geben, ohne ein solches Gutachten kritisch zu hinterfragen.

Ein weiteres Beispiel im Zusammenhang mit der Leopoldina ist der Fall des Mathematikers Stephan Luckhaus aus Leipzig, der dem Senat der Leopoldina angehörte. Er ist am 6. Dezember 2020 aus der Akademie ausgetreten aus Protest dagegen, dass diese nicht bereit war, eine statistische Untersuchung von ihm aufzunehmen, die zu kritischen Schlüssen bezüglich der von der Leopoldina empfohlenen Lockdowns kam.

Nun zum Fall Michael Esfeld beziehungsweise dem Leopoldina-Protest: Ein besonders dreister politischer Aktivismus unter dem Deckmantel angeblicher wissenschaftlicher Expertise ist die 7. Ad-hoc-Stellungnahme der deutschen Nationalen Akademie der Wissenschaften Leopoldina vom 8. Dezember 2020. Gerade als der Versuch der Bundesregierung, einen zweiten harten Lockdown durchzusetzen, auf Widerstand stieß, lieferte die Leopoldina einen »wissenschaftlichen Beweis« für den Lockdown, um den politischen Widerstand durch die Vorspiegelung vermeintlicher wissenschaftlicher Expertise zu brechen.

Ich wurde 2010 in die Leopoldina aufgenommen und fühle mich dem Leitbild der Akademie verpflichtet, das Folgendes beinhaltet: »Die Leopoldina tritt für die Freiheit und Wertschätzung der Wissenschaft ein. Sie trägt zu einer wissenschaftlich aufgeklärten Gesellschaft und einer verantwortungsvollen Anwendung wissenschaftlicher Erkenntnisse zum Wohle von Mensch und Natur bei. (...) Die Leopoldina setzt sich für die Achtung der Menschenrechte ein.« Da die Stellungnahme der Akademie in völligem Widerspruch zu ihrem Leitbild stand, habe ich noch am selben Tag einen Protestbrief an den Präsidenten der Akademie geschrieben:

Sehr geehrter Herr Kollege Haug,

Mit Bestürzung habe ich die heute veröffentlichte Stellungnahme der Leopoldina zur Kenntnis genommen, in der es heißt:

»Trotz Aussicht auf einen baldigen Beginn der Impfkampagne ist es aus wissenschaftlicher Sicht unbedingt notwendig, die weiterhin deutlich zu hohe Anzahl an Neuinfektionen durch einen harten Lockdown schnell und drastisch zu verringern.«

Diese Stellungnahme verletzt die Prinzipien wissenschaftlicher und ethischer Redlichkeit, auf denen eine Akademie wie die Leopoldina basiert. Es gibt in Bezug auf den Umgang mit der Ausbreitung des Coronavirus keine wissenschaftlichen Erkenntnisse, die bestimmte politische Handlungsempfehlungen wie die eines Lockdowns rechtfertigen. Wir haben es mit der üblichen Situation einer wissenschaftlichen Kontroverse zu tun, in der verschiedene Standpunkte mit Gründen vertreten werden:

Innerhalb des engeren Kreises der Experten von Virologie und Epidemiologie ist die Strategie zum Umgang mit der Ausbreitung des Coronavirus umstritten. Der Seite von Virologen und Epidemiologen, die scharfe politische Maßnahmen fordern, steht eine andere Seite von Virologen und Epidemiologen gegenüber, die mit Gründen einen nur auf die Risikogruppen fokussierten Schutz empfehlen, ausgedrückt zum Beispiel in der von führenden Medizinern verfassten Great Barrington Declaration.

Im weiteren Kreis der Wissenschaftler ist höchst umstritten, ob der Nutzen scharfer politischer Maßnahmen wie ein Lockdown die dadurch verursachten Schäden aufwiegt – und zwar Schäden an zukünftigen Lebensjahren, die in Deutschland und anderen entwickelten Ländern infolge eines Lockdown verloren gehen, Todesfälle durch einen erneuten Anstieg der Armut in den Entwicklungsländern usw. Es gibt zahlreiche wissenschaftliche Studien, gemäß denen die verlorenen Lebensjahre den maximal erreichbaren Nutzen geretteter Lebensjahre um ein Vielfaches übersteigen werden.

Ethisch gibt es insbesondere in der auf Immanuel Kant zurückgehenden Tradition Gründe, grundlegende Freiheitsrechte und die Würde des Menschen auch in der gegenwärtigen Situation für unantastbar zu halten. Zur Würde des Menschen gehört dabei insbesondere die Freiheit, selbst entscheiden zu dürfen, was die jeweilige Person als ein für sie würdiges Leben erachtet und welche Risiken sie für diesen Lebensinhalt einzugehen bereit ist in der Gestaltung ihrer sozialen Kontakte.

In einer solchen Situation wissenschaftlicher und ethischer Kontroverse sollte die Leopoldina ihre Autorität nicht dazu verwenden, einseitige Stellungnahmen zu verfassen, die vorgeben, eine bestimmte politische Position wissenschaftlich zu untermauern. Ich möchte Sie daher höflichst bitten, die entsprechende Stellungnahme umgehend als Stellungnahme der Leopoldina zurückzuziehen.

Hochachtungsvoll

Prof. Dr. Michael Esfeld
Ordinarius für Wissenschaftsphilosophie, Universität Lausanne
Mitglied der Leopoldina seit 2010

Der Widerspruch zum Leitbild der Leopoldina, »zu einer wissenschaftlich aufgeklärten Gesellschaft und einer verantwortungsvollen Anwendung wissenschaftlicher Erkenntnisse« beizutragen, lässt sich an folgenden fünf Punkten festmachen:

1. Diese Stellungnahme nimmt für sich in Anspruch, für *die* Wissenschaft zu sprechen. Sie verschweigt gegenüber der Öffentlichkeit die kontroverse Diskussion über den Umgang mit der Pandemie, die innerhalb der Wissenschaft stattfindet. Natürlich sind einzelne Wissenschaftler und Gruppen von Wissenschaftlern willkommen, ihren Standpunkt in der Öffentlichkeit zu vertreten. Aber sie dürfen ihren Standpunkt nicht als *die* Wissenschaft schlechthin ausgeben. Wenn man für *die* Wissenschaft in der Öffentlichkeit spricht – was eine Akademie durchaus tun sollte –, dann muss man alle Standpunkte, die in der Wissenschaft mit Argumenten vertreten werden, berücksichtigen. Ein Professor, der in einer Anfängervorlesung seinen Standpunkt als den Forschungsstand seines Gebietes ausgibt und andere Standpunkte übergeht, macht sich der Indoktrination der Studierenden schuldig.

2. Diese Stellungnahme verschweigt den Stand der Forschung. Seit Sommer 2020 liegen zahlreiche Studien vor, die belegen, dass Lockdowns mehr Schaden als Nutzen haben.

3. Diese Stellungnahme führt die Öffentlichkeit in die Irre, indem sie suggeriert, dass die Ausbreitung des Coronavirus durch einen kurzen, harten Lockdown über die Weihnachtsferien in den Griff bekommen werden könnte. Seit der erwähnten Studie von Ferguson und anderen vom März 2020, auf welche die systematische politische

Umsetzung von Lockdowns in den westlichen Demokratien zurückgeht, ist klar, dass Lockdowns nicht eine Angelegenheit weniger Wochen, sondern vieler Monate sind. Diese Tatsache hat sich im Folgenden auch mit dem zweiten Lockdown in Deutschland bestätigt. Sie war von vornherein klar und hätte auch so kommuniziert werden müssen.

4. Nicht nur gibt diese Stellungnahme die Tatsachen falsch wieder, sondern sie übergeht auch vollkommen den fundamentalen Unterschied zwischen Tatsachen und Normen. Für die Objektivität von Wissenschaft ist es fundamental, zwischen Fakten – etwas, das der Fall *ist* – und Handlungsaufforderungen – etwas, das der Fall *sein soll* – zu unterscheiden. Aus Tatsachen alleine folgen nie Normen. Wenn man von Tatsachen auf Handlungsaufforderungen schließen will, muss man stets explizit darlegen, welche normativen Voraussetzungen man macht. Man kann stets die entsprechenden Tatsachen anerkennen, ohne die normativen Voraussetzungen zu teilen, aus welchen dann bestimmte Handlungsaufforderungen folgen. Wissenschaft ist der Objektivität verpflichtet: Sie deckt Tatsachen auf. Sie kann aber nicht darüber entscheiden, welche Normen wir akzeptieren sollen – und insbesondere nicht eine Norm absolut setzen, wie hier den Gesundheitsschutz verstanden als Verhindern von Ansteckungen mit dem Coronavirus, und alle anderen Normen ignorieren, wie Grundrechte, Menschenwürde, soziale Gerechtigkeit, Bekämpfung von Armut in den sich entwickelnden Ländern und so weiter.

5. Wenn es in der Öffentlichkeit eine Kontroverse gibt – wie in diesem Fall Anfang Dezember 2020 eine Kontroverse über das Für und Wider eines erneuten harten Lockdowns –, dann kann es nicht Aufgabe einer Akademie der

Wissenschaften sein, ihre Autorität und ihren Ruf dafür einzusetzen, um einer politischen Partei in dieser Kontroverse – hier dem Standpunkt der Bundesregierung und insbesondere der Bundeskanzlerin – zum Sieg zu verhelfen. Der Zusammenhang ist offensichtlich: Mit dieser Stellungnahme in ihrer Hand konnte die Bundeskanzlerin einen Tag später, am 9. Dezember, unter Berufung auf *die* Wissenschaft, Naturgesetze wie die Schwerkraft und die Kräfte der Aufklärung den Widerstand gegen einen erneuten harten Lockdown im Bundestag brechen.

Kurzum, es handelt sich hier um Verdunkelung statt Aufklärung, finsterstes Mittelalter, in dem Wissenschaft die Stelle einer Staatsreligion einnimmt und sich für politische Propaganda hergibt. Das ist wohl der größte Schaden, den man der Wissenschaft zufügen kann. Entsprechend nahmen im Anschluss an diese Stellungnahme die Stimmen innerhalb der Wissenschaft zu, die sich gegen diesen politischen Missbrauch von Wissenschaft zur Wehr setzen.

So vor Kurzem der Schweizer Historiker Caspar Hirschi in einer Auseinandersetzung mit dem Leopoldina-Präsidenten, ausgetragen in der *Frankfurter Allgemeinen Zeitung* am 9., 13. und 20. März 2021. Zuvor schon – am 18. Februar 2021 – der Physikprofessor Tobias Unruh von der Universität Erlangen, der in einem Artikel in der Zeitschrift *Cicero* die Vereinnahmung der Wissenschaft durch die Politik beklagte. Er halte es für unerträglich, dass eine renommierte wissenschaftliche Einrichtung wie die Leopoldina sich unter dem Deckmantel ihrer wissenschaftlichen Expertise für »knallharte politische Forderungen« einsetze. Unruh wurde für seine Äußerungen nicht sanktioniert – doch dass er sich öffentlich in dieser Form äußerte, spricht eine deutliche Sprache in Hinblick auf den

Unmut, den das Handeln der Regierenden in Kreisen der Wissenschaft auslöste.

Letztlich handelt sich bei den Beispielen um eine Bestärkung der Aussage, dass in Corona-Zeiten nur jene Stimmen gehört und angehört werden, die genau das sagen, was die regierenden Politiker hören wollen.

Bei den genannten Fällen handelt es sich nur um die Spitze des Eisbergs. Denn tatsächlich gibt es noch genügend andere Wissenschaftlicher, die eine ähnliche Meinung vertreten, sie jedoch nicht laut aussprechen. Letzteres betrifft vor allem Angehörige des sogenannten Mittelbaus – also jene, die keine Stelle auf Lebenszeit an den Universitäten innehaben oder die sich der Gefahr aussetzen würden, dass plötzlich ihre Doktorarbeit nicht mehr betreut werden würde – als Sanktion, die natürlich offiziell niemals als solche bezeichnet werden würde.

Vergessen wird bei alldem aber von denjenigen, die sanktionieren oder sanktionieren wollen, dass sich in den vergangenen Jahren etwas verändert hat, dessen manche Universitätsleitungen sich immer noch nicht bewusst sind. Denn bekanntlich gibt es mittlerweile soziale Medien, deren sich auch Wissenschaftler bedienen, um ihren Unmut zu äußern. Viele von ihnen nutzen den Kurznachrichtendienst Twitter – auch der bereits erwähnte Stefan Homburg, von dem und dessen Äußerungen sich die Universität Hannover so deutlich distanzierte. Er tummelt sich erst seit Mai 2020 auf Twitter – also seit sich die Universität von ihm distanziert hat. Dem Interesse an seinen Äußerungen hat das nicht geschadet, im Gegenteil. Denn inzwischen hat er bereits rund 25 000 Follower auf Twitter. Die Universität Hannover kommt übrigens – Stand März 2021 – auf knapp 6300 Follower.

Kapitel 7

SCHON VERGESSEN? WISSENSCHAFT SOLL AUFKLÄRUNG UND NICHT VERBOTEN VORSCHUB LEISTEN

Was ist denn Wissenschaft eigentlich, und was unterscheidet gute Wissenschaft von schlechter? Diese Frage lässt sich einfach und verständlich beantworten am Beispiel des 1995 erschienenen Universitätsromans *Der Campus*. Diesen Roman hat der 2004 verstorbene Literaturwissenschaftler Dietrich Schwanitz verfasst. Das Buch wurde zu einem Bestseller und schließlich 1998 auch verfilmt mit Heiner Lauterbach und Axel Milberg in den Hauptrollen. Die Handlung dreht sich vor allem darum, dass auf einen Professor eine regelrechte Hexenjagd wegen angeblicher sexueller Belästigung veranstaltet wird. Vor diesem Hintergrund kommt es schließlich zu einer Anhörung vor dem Disziplinarausschuss. Dort kommt nun ein Professor zu Wort und fragt: »Wie müsste es denn sein, wenn es nicht so wäre?« – wann also würde der Befragte seine

Auffassung als widerlegt ansehen beziehungsweise als widerlegt akzeptieren. Übertragen auf unsere aktuelle Situation und das Thema dieses Buches müsste diese Frage lauten: Wann würden Sie sagen, dass die Strategie der politischen Bekämpfung der Ausbreitung des Coronavirus gescheitert ist? Anders ausgedrückt: Es gibt grundsätzlich zwei Strategien, mit dem Virus umzugehen: die traditionelle, rein medizinische Strategie, die auf alle Pandemien bis 2019 angewendet wurde, und die neue, politische Strategie, die seit 2020 zur Anwendung gekommen ist. Die neue Strategie muss also einer Bewertung unterzogen werden.

Denn wir finden unzählige Belege dafür, dass das Coronavirus so schädlich ist und verheerende Wirkungen hat. Doch die wissenschaftliche Frage, die zu stellen ist, lautet: Wann ist für einen Menschen eine imaginäre rote Linie überschritten, wann machen die Menschen die eingeleiteten Maßnahmen nicht mehr mit?

Wenn Wissenschaft frei von politischem Einfluss ist, ist sie ein sich selbst korrigierendes Unternehmen: Die verschiedenen formulierten Hypothesen müssen sich bewähren, und es muss klar sein, wann sie als gescheitert gelten. Die Pluralität der Meinungen muss daher in dem Sinne gefördert werden, dass niemand von Anfang an weiß, welche Antwort am Ende wirklich die richtige ist. Aus diesem Grund muss man auf dem Weg zu einer definitiven Antwort beziehungsweise Lösung so viele Stimmen wie möglich zulassen. Man muss sich mit den Argumenten auseinandersetzen und sie anhand der vorliegenden Daten überprüfen. Das ist der Weg zum Fortschritt. Wissenschaft endet aber dann, wenn sie gegängelt wird – was wir in totalitären Staaten erlebt haben, in China wie auch im deutschen Nationalsozialismus oder im Sowjetkommunismus. Denn dort wird sie als ein monolithischer Block behandelt, und die zur Wahrheitsfindung notwendige stetige Diskussion wird unterbunden. Wissenschaft ist also immer genauso offen wie die jeweilige Gesellschaftsordnung.

In unserer aktuellen Situation wird die wirkliche Diskussion weitgehend unterbunden. Es werden also nicht mehr »die Wissenschaftler« angehört, sondern eine ausgewählte Gruppe. Das führt letztlich dazu, dass sich die Wissenschaft nicht mehr selbst korrigieren kann – vielmehr erfolgen tatsächliche oder vermeintliche Korrekturen von außen. Die Bevölkerung erkennt vor diesem Hintergrund mittlerweile die Folgen der Corona-Politik. Weil die Menschen nicht die befürchteten Unmengen an Pandemieopfern sehen, beginnen sie, sich nun auch gegen die derzeitige Politik und die damit verbundenen Einschränkungen aufzulehnen.

Im Endeffekt hat das aktuelle Handeln zwei Folgen: Intern wird die Wissenschaft beschädigt, weil dort die notwendigen Diskussionen unterbunden werden. Extern wird ihr in der Form geschadet, dass ihr Ansehen in der Öffentlichkeit sinkt. Denn die Menschen sehen die Folgen der Lockdown-Politik, und sie hören Politiker sagen, sie hätten die Maßnahmen nur ergriffen, weil die Wissenschaftler dazu geraten hätten. Woran wiederum einzelne Wissenschaftler nicht ganz unschuldig sind. Wenn etwa ein Christian Drosten sich in der Form äußert, die Politik müsse unbedingt diesen oder jenen nächsten Schritt einleiten und würde sich beispielsweise gegen *die* Wissenschaft entscheiden, wenn sie nicht einen zweiten, harten Lockdown verhängen würde. Denn solche Aussagen grenzen im Grunde schon an Nötigung.

Führt in den Augen der Bevölkerung vor diesem Hintergrund die Wissenschaft zu Lockdowns, und führen die Lockdowns zu gesellschaftlichen sowie ökonomischen Schäden, dann besteht die Gefahr, dass am Ende die Menschen die

Wissenschaft verantwortlich machen und eine ablehnende Haltung ihr gegenüber einnehmen. Käme es dazu, wäre das sehr schlimm. Denn wir benötigen die Wissenschaft, um weiteren technischen und medizinischen Fortschritt zu erzielen. Wir brauchen beispielsweise die Wirtschaftswissenschaft, um künftigen Wirtschafts- und Finanzkrisen angemessen begegnen zu können. Auch die Umwelt- und Klimaprobleme lassen sich nur mithilfe der Wissenschaft lösen. Doch so etwas ist angesichts der aktuellen Lage zu befürchten, nämlich eine populistische Gegenreaktion, die sich gegen die Wissenschaft wendet.

Neben einem möglichen Vertrauensverlust in die Wissenschaft ist bereits ein schleichender Vertrauensverlust in die Politik zu beobachten. Die Zustimmung der Bevölkerung ist nachweislich schon Anfang Dezember 2020 deutlich zurückgegangen. Es wurde zwar lange versucht, das zu vertuschen, doch die Entwicklung ist zum Beispiel anhand der ARD-Umfragen zum Deutschlandtrend ablesbar. Ein Grund dafür ist, dass die Politik nicht eingehalten hat, was sie versprochen hatte – etwa einen vierwöchigen Lockdown-Light, um das Weihnachtsfest zu retten. Hinzu kommt, dass auch ein Vertrauensverlust in die Medien feststellbar ist, da die Menschen sich von der Berichterstattung verschaukelt fühlen. Selbst Menschen, die zuvor auf die Aussagen der Wissenschaftler vertrauten, mussten irgendwann erkennen, dass da etwas nicht stimmen konnte. Denn es wurden von den Medien auch vermeintliche Experten befragt, die jedoch tatsächlich nicht vom Fach waren. Zwar kann jeder von uns sich die Fallzahlen anschauen und die Opfer des Coronavirus sowie die Schäden der politischen Maßnahmen wahrnehmen, aber man kann nicht sagen, man dürfe nur den Virologen und niemandem sonst vertrauen, wenn andererseits – wie geschehen –

Nichtvirologen wie etwa die Physikerin Viola Priesemann angehört werden, die mit ihren Modellrechnungen mehrmals entschieden danebenlag. Das soll nicht unbedingt eine Kritik sein: Modelle sind eben keine Realität – aber genau das hat die Politik nicht zur Kenntnis genommen: Modelle wurden zur Realität erklärt. Nur ein Beispiel: Frau Priesemann hat Ende 2020 wiederholt das einzige damals (scheinbar) passende Beispiel für einen funktionierenden Lockdown herangezogen: Irland. Kaum hatte ihr Modell bei Kanzlerin Merkel verfangen, wurde der Lockdown entsprechend verlängert – zu dem Zeitpunkt gingen aber die Zahlen in Irland plötzlich hoch, der Lockdown wirkte also überhaupt nicht auf Dauer.

Ebenfalls zu einem Dauergast in Talkshows mutierte zeitweise die Braunschweiger Virologin Melanie Brinkmann, die sich jedoch mehrmals mit grundsätzlichen Zahlen vertan hat – indem sie etwa beim R-Wert den Wochen- mit dem Tageswert verwechselte (die diesbezüglichen Tweets von Christoph Lütge wurden sogar von der *Berliner Zeitung* am 12. Februar 2021 abgedruckt). Die Liste dieser Beispiele ließe sich endlos fortsetzen. Sie führte schließlich zu dem wachsenden Vertrauensverlust in Politik, Medien und Wissenschaft.

Kapitel 8

Evidenzbasiert? Überlegungen zu einem umstrittenen Begriff

Zu Beginn der Pandemie schien es, als würde Deutschland diese Krise gut überstehen. Das war auch lange Zeit noch das Narrativ. Irgendwann jedoch ließ Kanzleramtsminister Helge Braun in einer Talkshow verlautbaren, man könne das nun doch nicht mehr sagen. Denn mittlerweile war in Deutschland an vielen Stellen ein klares systematisches Versagen deutlich geworden – nicht zuletzt im Vergleich mit anderen Ländern. Auch das Ausland war übrigens dieser Ansicht. Zunächst hatte es im Sommer 2020 im Ausland noch geheißen, Deutschland habe quasi geliefert, die Wissenschaftskommunikation verdiene Bestnoten. Die Deutschen seien wissenschaftlich bestens unterwegs – gemeinsam mit ihrer Oberwissenschaftlerin Angela Merkel. Denn sie galt im Ausland als die große Physikerin und Naturwissenschaftlerin, die alles rational angeht. In den Folgemonaten stellte sich aber heraus, dass dies wohl nicht der Fall war beziehungsweise dass es sich in manchen Punkten nur um PR handelte – hinter der sich tatsächliches Versagen verbarg.

Nehmen wir einmal an, die gewählte politische Strategie der Impfung der gesamten Bevölkerung sei sinnvoll – tatsächlich genügt es selbstverständlich, nur die Personen zu impfen, für die das Virus ein Gesundheitsrisiko darstellt, sofern sie das wollen. Dann muss man aber feststellen: Die Regierung konnte das Verkündete und Erwartete nicht leisten.

Das Impfversagen wurde im Dezember deutlich, als sich herausstellte, Deutschland habe eindeutig zu wenig Impfstoff bestellt. Und das auch im Vergleich zu drei Ländern, die im Rahmen der Krise zuvor immer wieder Kritik einstecken mussten – weil sie ja alles falsch gemacht hätten. Diese drei Länder sind die USA – dort geht die Impfstoffbestellung noch auf den mittlerweile ehemaligen Präsidenten Trump zurück, auch wenn sein Nachfolge Joe Biden inzwischen weiteren Impfstoff nachbestellte, Boris Johnsons Großbritannien und Israel unter dem Ministerpräsidenten Benjamin Netanjahu. Alle drei Nationen haben große Mengen Geld in die Hand genommen, um ausreichende Vorräte an Impfstoff anzulegen. Sie haben also nicht in Knausrigkeit über Preise verhandelt. In Deutschland hingegen wurden im Grunde untergeordnete Stellen mit der Impfstoffbestellung alleingelassen, ohne dass die eigentlich Verantwortlichen sich wirklich einmischten oder die Verhandlungen selbst in die Hand nahmen. Das gilt für Gesundheitsminister Spahn ebenso wie für Kanzlerin Merkel und die EU-Kommissionspräsidentin Ursula von der Leyen. Denn letztlich ist das Impfstoffversagen eindeutig ein Versagen der politischen Spitzen, insbesondere Merkels und von der Leyens. Sie haben ihre ureigenste Sache, das für sie wichtigste politische Thema dieser für sie beispiellosen Krise, sträflichst vernachlässigt. Ein Trump, ein Johnson, ein Netanjahu und auch andere haben sich um die Sache selbst gekümmert, und sie haben auch gesagt, dass es nicht darauf ankomme, wie hoch der Preis der Impfstoffe sei. Denn das nämlich ist am Ende vollkommen gleichgültig – weil es ein guter Deal ist, wenn man genügend Impfdosen für die Bevölkerung auf Lager habe, vorausgesetzt man verfolgt die Strategie der Impfung der gesamten Bevölkerung. Das sagen inzwischen auch Ökonomen, die die deutsche Corona-Strategie lange gestützt haben. Etwa Clemens Fuest, der Chef des Instituts für Wirtschaftsforschung (ifo) in München. Er hat nicht nur den deutschen Corona-Kurs lange Zeit ausdrücklich mitgetragen, sondern sich auch für das weitergehende und aus ethischer Sicht unverantwortliche, weil mit vielen Kollateralschäden und Freiheitseinschränkungen verbundene Konzept »NoCovid« eingesetzt. Das deutsche Impfversagen jedoch bezeichnete auch er als ein »Desaster«, das durch nichts zu rechtfertigen sei.

Denn letztlich ist es einfach so, dass rund um das Thema Impfstoff jeder Preis akzeptabel wäre. Die wiederholten Lockdowns – die letztlich mit dem Impfversagen untrennbar verbunden sind, weil die Politik sich in eine Sackgasse manövriert hat, aus der sie ohne Impfkampagne nicht mehr ohne Eingeständnis ihrer Fehler herauskommt –, kosten den Steuerzahler am Ende viele Milliarden mehr. Der Chef von Biontech, Uğur Şahin, wies übrigens 2020 bei der Impfstoffbestellung sogar noch ausdrücklich darauf hin, dass aus seiner Sicht von der EU und Deutschland zu wenig bestellt wurde. Aber auch dieser Wink wurde ignoriert.

Das Impfversagen macht aber auch klar, dass die übliche Merkel-Strategie des Aussitzens nicht mehr funktioniert hat. Die Kanzlerin verfolgt diese Strategie seit Langem, und sie lag damit sicher auch nicht immer falsch. Nur in dieser Situation war es genau die falsche Strategie. Aufgrund ihrer Entscheidung für die Strategie, die Corona-Pandemie durch politische Druckmittel zu bekämpfen, hätte sie in dieser Situation die Sache und damit auch das Geld in die Hand nehmen müssen – sie hätte einfach handeln müssen. Sie hätte in die Offensive gehen müssen, statt es einmal mehr beim passiv-defensiven Aussitzen zu belassen.

In anderen Ländern gibt es bereits auch ganz klare Pläne für den Ausstieg aus den restriktiven Corona-Maßnahmen. Das ist in den USA, wie bereits erwähnt, klar erkennbar, und auch Großbritannien hat im März einen annehmbaren Ausstiegsplan bis zum Juni beschlossen. In China, Russland, Indien und Südafrika läuft das Leben bereits wieder weitgehend normal, ohne dass darüber in den deutschen Medien viel berichtet wird.

Das Thema Impfungen ist zwar das größte und wohl wichtigste Beispiel für deutsches Versagen, wenngleich nicht das einzige Beispiel. Als ein weiteres Beispiel können die Schnelltests angeführt werden, die bei uns zu einer Art Allheilmittel stilisiert wurden: Wenn wir alle regelmäßig Schnelltests machen, dürfen wir wieder im Einzelhandel vor Ort einkaufen und in Restaurants gehen. Das wird aber nicht der Fall sein, weil es an der Distribution der Tests hapern wird, denn es werden nicht für jeden jederzeit die nötigen Tests bereitstehen. Manche Menschen haben in diesem Zusammenhang die Vorstellung, dass etwa in den Großstädten in jeder zweiten Straße ein Teststand zu finden sein wird. Das aber ist in dem notwendigen Umfang und Ausmaß gar nicht durchführbar. In Österreich wird zwar gesagt, man habe genau das geplant, doch solche Aussagen sind am Ende des Tages nicht viel mehr als Augenwischerei. Und zusätzlich gilt: Mehr Tests führen am Ende zu steigenden Fallzahlen, schon in Tübingen sieht man das (Stand: Ende März) – damit wird man eine Pandemie nicht los, sondern verlängert sie eher noch, obwohl eine echte Gefährlichkeit durch das Virus kaum noch vorhanden ist.

Nicht zu unterschätzen ist vor diesem Hintergrund andererseits auch, dass das Thema Corona natürlich auch Geschäftemacher anzieht. Denn gerade mit den Schnelltests und Masken werden Milliarden verdient – ebenso natürlich auch mit den Impfungen, insbesondere wenn die Impfstoffhersteller für eventuelle Nebenwirkungen und Folgeschäden von Impfungen nicht haften müssen. Geht man davon aus, dass erwartet wird, jeder würde sich mindestens zweimal die Woche einem Schnelltest unterziehen, dann muss man auch bedenken, dass es nicht wenige Menschen gibt, die jeden Euro zweimal umdrehen müssen, um über die Runden zu kommen. Für sie wird es dann zu einer echten Herausforderung, die regelmäßigen Tests zu bezahlen. Und es sind ja nicht nur die Tests. Es ist inzwischen schon zur Selbstverständlichkeit geworden, dass wir beim Besuch eines Geschäfts eine Maske aufsetzen – in Bayern muss es sogar eine FFP2-Maske sein, in den anderen Bundesländern reicht eine OP-Maske. In fast allen anderen Staaten reichten übrigens durchweg einfache Stoffmasken, und die Zahlen in Deutschland geben auch keinen Hinweis darauf, dass FFP2 oder OP-Masken mehr bringen. Wie dem auch sei, diese Masken halten nicht ewig, und auch sie kosten Geld, das die Menschen immer wieder aufbringen müssen. Selbst wenn eine einfache chirurgische Maske in Drogeriemärkten für etwa einen Euro zu bekommen ist, summiert sich das in Familien schnell zu einem größeren Betrag, der dann an anderer Stelle fehlt. Kostenlos und als Kassenleistung gibt es die Masken in der Regel nur für jene Menschen, die zu den Risikogruppen zählen, die also vor allem ein hohes Alter erreicht haben oder unter Vorerkrankungen leiden.

Für viele scheinen Masken erst mal unproblematisch. Es sei doch sogar ein Zeichen von Solidarität, sie zu tragen. Dabei stellt sich aber erstens die Frage, ob sie denn wirklich notwendig sind: In Schweden und anderen Ländern waren sie nie verpflichtend, und dort haben sich auch keine Leichenberge angehäuft. Kann es sein, dass das schlichte Abstandhalten reicht? Zweitens aber – und dieser Punkt ist noch grundsätzlicher – bringen Masken ein Problem mit sich: Wenn alle damit herumlaufen, nimmt man nicht mehr die Menschen wahr, sondern man mutmaßt überall nur noch Virenschleudern. Und dann wird es immer schwieriger zu sagen, warum man sie im Kontext X tragen soll, aber nicht im Kontext Y. Was am Ende dazu führt, dass schon Grundschulkinder den ganzen Tag Masken in der Schule tragen, teilweise sogar während der Pausen. Diese Maßnahme ist eine systematische Quälerei. Wenn man die Maske beim Supermarkteinkauf für ein paar Minuten aufsetzt, hat man in der Regel keine Ahnung davon, welche gesundheitlichen Folgen Masken für Schüler und andere mit sich bringen können, die sie lange Zeit ununterbrochen tragen müssen. Der schwedische Arzt und Staatsepidemiologe Anders Tegnell hat sich darum vor dem Hintergrund in Schweden stark gefallener Infektionszahlen am 10. August 2020 zu einer allgemeinen Maskenpflicht wie folgt geäußert: »Das Resultat, das man durch die Masken erzeugen konnte, ist erstaunlich schwach, obwohl so viele Menschen sie weltweit tragen. Es überrascht mich, dass wir nicht mehr oder bessere Studien darüber haben, welche Effekte die Masken tatsächlich herbeiführen. Länder wie Spanien oder Belgien haben ihre Bevölkerung Masken tragen lassen – trotzdem gingen die Infektionszahlen hoch. Zu glauben, dass Masken unser Problem lösen können, ist jedenfalls sehr gefährlich.«

In Zusammenhang mit den Schnelltests wird ebenfalls davon geredet, dass diese Schnelltests kostenlos sein sollen, es ist aber nicht klar, wann und wie das umgesetzt wird. Außerdem sieht man schon jetzt auch in Ländern, die nach den Maßnahmen wieder öffnen, dass dort ebenfalls nichts geschieht – egal, ob man über Tests verfügt oder nicht, und egal, ob alle geimpft sind oder nicht. In den wieder geöffneten US-Bundesstaaten steigen die Corona-Infektionszahlen auch ohne Schnelltests und Impfungen der gesamten Bevölkerung nicht signifikant. Das bestätigt erneut, dass das Bekämpfen des Coronavirus mit politischen Maßnahmen, zu denen auch Schnelltests gehören, nicht von relevanter Bedeutung ist. Bestimmte Konzerne verdienen daran Milliarden, die letztlich die Steuerzahler bezahlen müssen, aber es ergibt sich kein gesellschaftlicher Nutzen. Noch nie wurden Schnelltests systematisch und in großer Anzahl verwendet, um symptomlose Personen zu testen. Solche Tests dienen gewöhnlich nur der medizinischen Diagnose in Verdachtsfällen.

Der Umgang mit diesem Thema hierzulande erweist sich als besonders kompliziert – und typisch deutsch. Hintergrund dabei ist einmal mehr die Politik, die nach einer Möglichkeit sucht, sagen zu können, sie habe etwas getan, und in der Folge sei die Situation für die Menschen wieder sicher, sodass sie wieder rauskönnen und frei leben dürfen. Das alles hätte vielleicht vor ein paar Monaten während des Winters noch funktioniert. Doch inzwischen ist es Frühling, das Wetter ist besser – und damit hat sich auch die Corona-Lage weiter zum Positiven verändert. Was im Endeffekt bedeutet, dass sich die einschränkenden Maßnahmen selbst ohne Schnelltests kaum aufrechterhalten lassen werden.

Man sieht in diesem Zusammenhang nun aber auch, dass sich etwa der Tübinger Oberbürgermeister Boris Palmer zu verrennen beginnt. Palmer hatte ursprünglich auf ein begrüßenswertes Konzept gesetzt, bei dem es darum ging, vorrangig die Risikogruppen zu schützen. Allerdings schwenkte er dann im März dieses Jahres auf eher seltsame Aussagen um, wie die, dass Menschen aus dem Umland künftig nur noch nach Vorlage eines negativen Schnelltests zum Einkaufen nach Tübingen kommen dürften. Doch so etwas ist unrealistisch. Außerdem würde dadurch eine Situation entstehen, die wirklich nicht zu begrüßen wäre, und zwar, dass etwa immer wieder Menschen mit schlechtem Gewissen durch die Städte laufen würden, weil sie keinen Test gemacht haben und sich der Gefahr aussetzen, ein Bußgeld zahlen zu müssen. Das ist kein Szenario, das man in einer offenen Gesellschaft und in einer Demokratie erleben möchte. Statt einen medizinischen oder gar gesamtgesellschaftlichen Nutzen zu erzielen, würde man auf diese Weise zu einer weiteren Spaltung der Gesellschaft beitragen.

Was nun zu der Frage führt, welche anderen Möglichkeiten es gibt. Wie man es vermeiden kann, dass Menschen mit schlechtem Gewissen durch die Straßen laufen, und wie man außerdem ohne den logistisch nicht realisierbaren Plan »Schnelltests für alle« auskommen kann. Die Antwort darauf ist recht einfach: Sobald die Menschen aus den Risikogruppen geimpft sind, kann das Leben für alle wieder normal weitergehen. Die Lösung ist also sehr klar und auch nicht kompliziert. Jedenfalls dann, wenn man sich nicht verzettelt, weil man alles für jeden machen will, und am Ende dann doch wieder zu keinem Ergebnis kommt. Wenn die Risikogruppe der Achtzig- und Neunzigjährigen geimpft ist, wäre nur zu überlegen, ob bei Besuchern in Alten- und Pflegeheimen noch Schnelltests durchgeführt werden sollen. Lediglich aus dem Grund, weil eine Impfung nie zu 100 Prozent schützt, und man dadurch den Bewohnern der Heime eine zusätzliche Sicherheit gewähren würde. Aber 100-prozentige Sicherheit in einem Aspekt – in diesem Fall Schutz vor Ansteckung des Virus – gibt es nie. 100-prozentige Sicherheit in einem Aspekt zu fordern, ist immer mit Risiken und unverhältnismäßig hohen Schäden in anderen Bereichen in unverantwortlicher Weise verbunden. Was wir wieder brauchen, ist eine rationale Abwägung der verschiedenen Risiken. Und diese lautet: Wenn die Risikogruppen geimpft sind, geht für diese ebenso wie für alle anderen kein signifikantes Risiko mehr von dem Coronavirus aus. Dieses Virus wird es weiterhin geben. Wir müssen lernen, vernünftig mit ihm umzugehen.

Es gibt noch einen weiteren Punkt, der das deutsche Versagen in Sachen Corona deutlich macht: das Versagen in Hinblick auf die Digitalisierung des Gesundheitssystems. Auch hier ist man in anderen Ländern inzwischen deutlich weiter.

Bei uns hatte man bekanntlich lange Zeit auf die Nachverfolgung von Kontaktpersonen gesetzt. Nur setzte man dafür nicht die modernste Technik ein, sondern arbeitete sehr lange mit dem hoffnungslos veralteten Instrument Faxgerät, mit dessen Hilfe Daten ausgetauscht beziehungsweise weitergegeben wurden. Gesundheitsminister Spahn sprach immer wieder von den Plänen der Digitalisierung, doch noch im Januar 2021 berichteten die Medien, die digitale Umstellung von Ämtern und Laboren ginge nur schleppend voran. Was nicht nur die Meldung von Corona-Infizierten verzögere, sondern auch wertvolle Kapazitäten koste. Das ist letztlich eine völlig absurde Situation, gerade weil es ja immer wieder heißt, Deutschland habe ein besonders gutes und effizientes Gesundheitssystem.

Nun werden einige bei dem Hinweis auf die unzureichende Digitalisierung sicher an die Corona-App denken, die tatsächlich seit Juni 2020 in Deutschland zum Herunterladen zur Verfügung steht. Anfangs galten solche Apps als eine Art Heilsbringer, die es den Menschen wieder ermöglichen würden, angstfrei vor die Tür zu gehen. Aus heutiger Sicht allerdings muss man eingestehen, dass die App im Grunde nichts bewirkt hat. Denn – typisch deutsch – wurden hier schnell die hohen Download-Zahlen kommuniziert. Erst waren es 16, dann 18 und schließlich laut RKI (Stand: 18. Februar 2021) etwa 25 Millionen Downloads. Doch Downloads sagen kaum etwas darüber aus, wie und wie stark die App tatsächlich genutzt wird. Im Juli 2020 erklärte das RKI, man werde »bald« Nutzerzahlen veröffentlichen. Was jedoch nicht geschehen ist. Stattdessen veröffentlicht das Institut seit Oktober regelmäßig verschiedene »Kennzahlen« zur App. Anfangs zählten dazu auch Schätzungen (wohlgemerkt: nur Schätzungen!) zur Anzahl der aktiven Nutzerinnen und Nutzer. In dem Zusammenhang hieß es dann, dass 75 Prozent derer, die die App heruntergeladen hatten, sie auch tatsächlich nutzten. Was in Zahlen bedeutet, dass es sich um höchstens etwa 20 Millionen Nutzer handelt, was wiederum gerade einmal 25 Prozent der Bevölkerung entspricht. Es ist außerdem davon auszugehen, dass die Zahl der tatsächlichen Nutzerinnen und Nutzer seit dem Zeitpunkt der Veröffentlichung nicht signifikant in die Höhe geschnellt ist, sondern dass die Zahlen in einem ähnlichen Umfang zurückgegangen sind, wie das Thema Corona-App wieder aus dem öffentlichen Bewusstsein verschwunden ist. Ein Indiz dafür ist auch der Umstand, dass sich etwa im Appstore von Google-Play bis März 2021 nur etwa 112 000 Bewertungen der App fanden bei eben mindestens 25 Millionen Downloads – und diese Bewertungen billigten wiederum der App durchschnittlich gerade einmal drei von fünf möglichen Sternen zu. Und auf Twitter finden sich hin und wieder Tweets der Art »Gibt es eigentlich diese Corona-App noch?«.

Tatsächlich muss man leider sagen, dass die App im Grunde weitgehend nutzlos ist. Denn auch hier besteht das eigentliche Problem darin, dass man sich nicht auf die Personengruppen fokussiert, für die das Virus wirklich gefährlich ist. Stattdessen versucht man, die gesamte Gesellschaft irgendwie durch die Pandemie zu steuern. Nur funktioniert das nicht, weil auch hier nicht klar ist, wie man das überhaupt machen will, da man eben die Ausbreitung eines Virus nicht steuern kann. Was man steuern kann, ist, so gut es geht zu verhindern, dass Menschen derart erkranken, dass sie medizinische Behandlung benötigen oder sogar sterben und dass eine Überlastung der Gesundheitssysteme eintritt.

Dieses Ziel erreicht man nur, wenn man die wirklich Gefährdeten schützt. Tübingen ist ein gutes Beispiel dafür, dass so etwas auch tatsächlich funktionieren kann. Dort können gefährdete Menschen kostenfrei Taxis nutzen, um sich nicht etwa bei der Fahrt in Bussen einer Infektionsgefahr auszusetzen, außerdem wird dort empfohlen, die Supermärkte an Vormittagen speziell für den Besuch von Kunden dieser Bevölkerungsgruppe zugänglich zu machen. Doch letztlich sind auch das nur Übergangslösungen, bis für alle Risikogruppen eine Impfung zur Verfügung steht.

Ein weiteres Versagen der Politik besteht darin, dass sie den Krisennotstand immer weiter in die Länge gezogen hat. Die Bundesregierung und die Länder haben dabei massiv das Vertrauen in die Politik verspielt. Das begann im Grunde schon im November mit der Verlängerung des Lockdowns light. Dieser Lockdown sollte vier Wochen dauern, was von vielen Menschen und den Unternehmen noch akzeptiert wurde. An den Scheiben von Restaurants oder Fitnessstudios fanden sich damals häufig Zettel in dem Tenor »Wir sehen uns in vier Wochen, dann sind wir wieder für Sie da – bleiben Sie gesund, wir freuen uns auf Sie.« Doch was dann folgte, war die inzwischen hinlänglich bekannte Salamitaktik. Man müsse die Maßnahmen um zwei Wochen verlängern, nach diesen zwei Wochen dann folgte die nächste Verlängerung und so weiter und so fort. Doch der Lockdown wurde eben nicht nur verlängert, er wurde auch immer mehr verschärft. Eine Zeit lang haben sich die Menschen im Großen und Ganzen sehr diszipliniert verhalten, weil sie darauf vertrauten, die Regierenden würden das Richtige für die Menschen tun. Auch heute verstößt nur eine Minderheit gegen die Anordnungen, und friedliche Demonstrationen sind in einer Demokratie eigentlich immer zu begrüßen.

Doch in der Zeit der sich immer weiter verlängernden Lockdowns kam es auch zu eigentlich nebensächlichen Vorfällen, die in ihrer Gesamtheit aber dazu führten, dass die Menschen zunehmend die Regeln oder deren Umsetzung infrage stellten. Etwa wenn im Winter ein verschneiter Hang von der Polizei geradezu umstellt wurde, um Kinder dort am Schlittenfahren zu hindern. Obwohl sich die Kinder an der gesunden frischen Luft befanden, und es nichts gab, was an ein Gedränge erinnerte – zumal Bewegung an frischer Luft das Immunsystem ja gerade stärkt. Es gab auch Meldungen, dass Bürger andere Bürger tätlich anzugreifen drohten, weil sie auf einem öffentlichen Platz standen und Glühwein tranken. Es gab also einerseits polizeiliche Maßnahmen, die nicht verstanden und kritisiert wurden, andererseits ließ sich schon die zunehmende Spaltung der Gesellschaft beobachten. In diesem Zusammenhang sprach auch der Blogger und *Spiegel*-Kolumnist Sascha Lobo schon im Januar 2021 von der »Vollheit der Schnauze«, weil inzwischen ein Kinderspaziergang schon härter reglementiert würde als das Verhalten am Arbeitsplatz. Die Leute hätten angesichts solcher Unlogik der Regierungspolitik die Schnauze voll – doch man unterschätze ihren Zorn immer noch, schrieb er.

Tatsächlich war das riesige Unzufriedenheitspotenzial der Bevölkerung damals schon deutlich zu erkennen. Vor allem vor dem Hintergrund, dass die Regierung die verhängten Maßnahmen immer wieder verlängerte und verschärfte, aber nicht lieferte. Der Druck auf die Bevölkerung wurde also aufrechterhalten und noch erhöht, Fortschritte aber etwa in Bezug auf die Impfungen konnte man nicht vorweisen. Genau das wurde nun nicht mehr verstanden – nicht von den Bürgern und in zunehmendem Maße auch nicht von der Wirtschaft.

Hinzu kam, dass die Kommunikation vollkommen irreführend und auch unehrlich war. Das gilt sowohl seitens der Regierung als auch der Wissenschaftler. Im März 2020 etwa stand eine Strategieentscheidung an. Die Strategie jedoch bestand nicht darin, die Risikogruppen zu schützen, sondern die Ausbreitung des Virus gesamtgesellschaftlich zu bekämpfen. Es wurde aber nicht klar kommuniziert, was von Beginn der Krise an feststand, dass man nämlich einen Lockdown, wenn man denn diesen Weg wählt, dann tatsächlich auch 18 Monate durchhalten müsse, bis eine Herdenimmunität durch Impfung erreicht werden kann. Es ist völlig irreführend, den Menschen erst zu suggerieren, ein Teil-Lockdown über wenige Wochen würde zum Ziel führen, dann davon zu reden, dass ein zweiwöchiger Lockdown über die Weihnachtszeit es wohl endgültig regeln würde und so weiter. Es handelte sich tatsächlich um ein vollkommen kopfloses Agieren, ohne die wirklichen Ziele klar zu kommunizieren.

Was bringt denn eine Regierung überhaupt dazu, dermaßen kopflos und irreführend zu handeln? Denn schon bei den Entscheidungen vom März 2020 musste klar gewesen sein, dass eine zweite Welle kommen würde. Das wird auch daran deutlich, dass Kanzlerin Merkel sehr früh von dieser zweiten Welle sprach. Vermutlich weil man zu rechtfertigen versuchte, dass sich die Maßnahmen so lange hinziehen würden – etwa die (wie die Zahlen zeigen) sinnlose Maskenpflicht auch während der Sommermonate (im Gegensatz zu einer ganzen Reihe anderer Länder). Und immer wieder versuchte man zu vermitteln, bei den Maßnahmen handle es sich nicht um politisch motivierte Entscheidungen, sondern um evidenzbasierte Notwendigkeiten. Das führte auch dazu, dass über einen gewissen Zeitraum im Sommer 2020 die Maßnahmen in Deutschland im internationalen Vergleich zu den strengsten Auflagen überhaupt zählten.

Aber nun wieder zum Jahr 2021. Die Menschen sind es leid, dass versucht wird, das Handeln der Regierung anhand von Evidenzen zu rechtfertigen. Gleichzeitig aber muss man nun feststellen, dass die Infektionszahlen trotz aller Vorkehrungen nicht sinken – auch nicht unter einen Inzidenzwert von 50, geschweige denn von 35. Trotzdem versucht die Regierung – etwa mit dem Verweis auf die vermeintlich so gefährlichen Mutanten und auf eine dritte Welle – weiter zu verhindern, in eine Situation zu geraten, in der die Menschen im Nachhinein sagen können, die getroffenen Maßnahmen waren falsch. Es wird alles getan, damit die Bevölkerung hingegen den Eindruck hat, alles sei richtig gewesen. Es sei richtig gewesen, dass man über Monate hinweg Masken getragen habe, dass man auf Restaurantbesuche oder Shoppen verzichtete. Weil die Regierung sich nicht dem Zorn der Bevölkerung aussetzen will, die nun plötzlich erkennt, dass das alles rein gar nichts gebracht hat und schlicht falsch gewesen ist. Doch nun funktioniert das wohl nicht mehr oder nicht mehr lange. Vermutlich wird es dazu kommen, dass sich nicht nur der Unmut der Gegner der Lockdowns, sondern auch der von dessen Befürwortern Bahn brechen wird. Weil man dann aus dem Lockdown herausmuss. Denn das Wegschließen kann nicht ewig fortgesetzt werden, genauso wenig wie das Homeoffice. Irgendwann müssen die Menschen wieder zurück an ihre eigentlichen Arbeitsplätze. Wenn dieser Punkt erreicht ist, müssen die Impfungen der Risikogruppen erfolgt sein, was man etwa in den USA recht früh erkannt hat.

Das führt jedoch auch zu der Frage, ob es eine Impfpflicht für jedermann geben sollte, um den Weg der Lockerungen so zügig wie möglich antreten zu können. Doch die Impfpflicht wäre wieder der falsche Weg, weil sie wieder mit einem Aushebeln von Grundrechten einhergehen würde, da die Menschen nicht mehr frei entscheiden könnten. Für eine solche Pflicht gäbe es wiederum keine Begründung durch medizinische Fakten. Denn es geht in dieser Pandemie darum, dass den Menschen geholfen wird, bei denen Hilfe notwendig ist, weil sie tatsächlich gefährdet sind. Der Rest der Bevölkerung ist davon nicht betroffen. Es ist daher auch vollkommen egal, wie viele Menschen sich infizieren, solange die Infizierten keinerlei Symptome aufweisen oder in irgendeiner Form medizinischer Hilfe bedürfen. Sind die Risikogruppen geimpft, dann besteht keinerlei Grund, die anderen Menschen in dem Sinne zu terrorisieren, dass sie Impfpässe vorweisen oder sich Schnelltests unterziehen müssen. Die Geimpften müssten natürlich weiterhin Vorsicht walten lassen, da keine Impfung immer vollständigen Schutz gewährleistet. Es müsste also zusätzliche Schutzvorkehrungen für Alters- und Pflegeheime geben. Für die restlichen Menschen wird das bisher schon zu vernachlässigende Sterblichkeitsrisiko von 0,05 Prozent noch geringer beziehungsweise würde weiter Richtung null Prozent sinken.

Dass die Bevölkerung den Maßnahmen der Regierung ihre Zustimmung bald verweigern wird, wurde spätestens im März 2021 klar, als die seit Beginn der Krise sehr hohen Zustimmungswerte der CDU/CSU drastisch einbrachen, zum Teil innerhalb eines Monats um 11 Prozentpunkte (GMS, Februar bis März). Hinzu kamen die Auswirkungen der Maskenaffäre, bei der deutlich wurde, dass Abgeordnete der CDU wie auch der CSU mit hohen Provisionen am Verkauf von Masken beteiligt waren – was bei der mit den Masken seit vielen Monaten drangsalierten Bevölkerung extrem schlecht ankam. Inzwischen liegt die Union in den Umfragen zum Teil bereits unter der Akzeptanz, die sie vor Beginn der Coronakrise hatte (circa 28/29 Prozent), sie hat also ihren Corona-Bonus komplett verspielt. Damit liegt die Partei übrigens auch wieder unter dem schon sehr schlechten Ergebnis der Bundestagswahl 2017 (32,9 Prozent).

In diesem Zusammenhang muss man sich nun einer schlichten Wahrheit bewusst sein: dass Politik letztlich nur vor dem Abschneiden bei der nächsten Wahl Angst hat. Davor, abgewählt zu werden. Die Parteien haben also vor allem Angst davor, bei den anstehenden Wahlen – Landtags- sowie Bundestagswahlen – abgestraft zu werden. Was durchaus geschehen kann.

Vor diesem Hintergrund ist auch zu vermuten, dass die führenden Politiker der Parteien durchaus einen Zeitplan vor Augen hatten, auch die Kanzlerin. Dieser Zeitplan jedoch ist inzwischen gleich mehrmals offensichtlich durcheinandergekommen. Worauf unter anderem eine Aussage der Kanzlerin Ende Januar hindeutet, als sie erklärte: »Das Ding ist uns entglitten«. Damit meinte sie eigentlich, dass »das Ding« *ihr* entglitten ist: Sie hatte vermutlich einen bestimmten Ablauf der Pandemie im Sinne, der auch ein Hinausziehen der Krise beinhaltete. Denn immer wieder hieß es, dass im September 2021 alles vorbei sein würde – also genau dann, wenn sie nicht mehr im Amt sein würde. Aber diese Verzögerungstaktik funktioniert inzwischen nicht mehr, auch weil andere Länder auf ein deutlich schnelleres Ende der Maßnahmen drängen.

In diesem Zusammenhang muss man aber auch darauf hinweisen, dass es nicht nur um ein Versagen der Kanzlerin geht. Auf Länderebene ist es ebenfalls zu bemerkenswerten Versäumnissen gekommen. Was nicht zuletzt für Bayern unter Markus Söder gilt. Denn hier wurde die Maßnahmenspirale immer wieder weitergedreht, ohne dass dies zu einem erkennbaren Fortschritt führte. Hinzuweisen ist etwa auf den Lockdown in Berchtesgaden. Dort gab es den längsten Lockdown Deutschlands – der jedoch bei Weitem nicht die gewünschte Wirkung erzielte. Am 20. Oktober verhängten Ministerpräsident Söder und Landrat Bernhard Kern über das Berchtesgadener Land an der Grenze zu Österreich besagten Lockdown wegen extrem gestiegener Corona-Infektionsraten. Fortan galten Ausgangsbeschränkungen, Schulen und Kitas mussten schließen, und natürlich blieben auch die Restaurants zu, wurden Veranstaltungen abgesagt. Diese Maßnahmen sollten zunächst für zwei Wochen gelten. Das erschien angesichts von Inzidenzwerten weit über 300 manchen zunächst auch einigermaßen sinnvoll. Nur sanken die Zahlen trotz des Lockdowns nicht wie erhofft, sondern lagen auch lange Zeit später noch bei mehr als 180 und damit weit über dem Wert von 50, der als gleichbedeutend mit Lockerungen galt. Und so wurde aus den zunächst angepeilten zwei Wochen Lockdown ein Zustand der sich über Monate hinzog und auch im Jahr 2021 noch Stand der Dinge sein sollte.

Gerade das Beispiel Berchtesgaden steht dafür, dass die Lockdowns überhaupt nichts bringen. Sie dienen dazu, künstlich errechnete Zahlen zu senken, die weder auf den Schutz der Risikogruppen noch auf die Belastung des Gesundheitssystems ausgerichtet sind – und am Ende gelingt nicht einmal das. Und auch in Berchtesgaden gibt es kein Problem mit den Kapazitäten der Intensivmedizin – die vorhandenen Betten sind nicht einmal vollkommen belegt. Auch die Zahlen der Todesfälle sind im Vergleich nicht sonderlich hoch. Dennoch hält man weiter an der Krücke namens Lockdown fest und an den Inzidenzwerten, die medizinisch weitgehend bedeutungslos sind, weil sie nichts über die tatsächlichen Erkrankungen und Krankenhausbelegungen aussagen. Genau das wäre übrigens auch der Effekt gewesen, hätte man sich in Deutschland auf die verheerende Zero-Covid-Strategie eingelassen.

Ähnlich sieht es aus mit der Pflicht, in Bayern FFP-2 Masken zu tragen. Diese Pflicht hat ebenfalls nicht zu messbar positiven Ergebnissen geführt – die Zahlen liegen auf dem Niveau jener Bundesländer, die alternativ das Tragen der sogenannten OP-Masken erlauben. FFP2-Masken gehören in einen klinischen Kontext, sollen zudem eigentlich auch nur eine begrenzte Anzahl von Stunden verwendet werden und verlieren ihre Funktion, wenn sie feucht werden.

Kapitel 9

RÜCKKEHR ZUR FREIHEIT – WIDER DEN AUF DAUER GESTELLTEN AUSNAHMEZUSTAND!

Geht es um Politik, dann geht es immer auch darum, ob Politik Fehler einräumen darf oder kann. Meist heißt es dann, dass Politik das nicht darf. Wer einen Fehler einräumt, der müsse zurücktreten. Doch gerade während der Pandemie gab es auch Beispiele dafür, dass das Zugeben eines Fehlers und ein Ändern der Strategie durchaus möglich sind. Das zeigt sich etwa an dem bereits erwähnten Beispiel Florida: Gouverneur Ron DeSantis räumte im September 2020 Fehler ein und erklärte, man wolle fortan die Strategie ändern. Er folgte damit dem Rat von Wissenschaftlern aus der Gruppe der *Great Barrington Declaration*, die zuvor das Vorgehen in Florida (und anderswo) kritisiert hatten. Der Ankündigung folgten Taten, nämlich der weitgehende Ausstieg aus den Corona-Maßnahmen. Kritiker warnten damals, der Strategiewechsel würde in einer Katastrophe enden. Doch heute wissen wir, dass das Gegenteil der Fall ist.

Bezogen auf die deutsche Situation könnte man sagen, dass die Zeit für einen Strategiewechsel Ende des vergangenen Sommers gekommen war. Im März 2020 zu Beginn der Krise hatte man eigentlich in einer Art Panikreaktion gehandelt aus Angst, das Gesundheitssystem könne angesichts der drohenden Infektionszahlen kollabieren. Doch zum Ende des Sommers lagen die tatsächlichen Zahlen vor, und man hätte erkennen können, dass sich die Situation mit politischen Zwangsmaßnahmen nicht lösen ließ. Man konnte außerdem die vorliegenden Zahlen aus Deutschland etwa mit denen aus Schweden vergleichen, wo man auf derartige Maßnahmen weitgehend verzichtete. Und es gab auch genügend Wissenschaftler, die erklärten, man könne die Pandemie so bekämpfen, wie man es in der Vergangenheit auch getan habe – also mit medizinischen Mitteln und dem Schutz der Risikogruppen. Vor diesem Hintergrund hätte man erklären können, man habe im März vor einer noch unbekannten Situation gestanden, nun aber wisse man mehr und werde daher die Strategie nun an die tatsächliche Lage anpassen – so etwas wäre ohne Gesichtsverlust möglich gewesen. Doch auch diese Chance wurde vertan.

EIN ETWAS ANDERES EXPERIMENT

Wie wenig die als so gezielt geltenden Maßnahmen bringen, zeigen Experimente, die teilweise nicht in Zusammenhang mit Corona durchgeführt wurden. In den USA etwa hat man Soldaten versuchsweise in Isolationshaft gesteckt, während eine zweite Kontrollgruppe weiterhin in den Kasernen wohnte. Es gab für die Probanden also keinerlei Kontakt zu anderen Menschen. Sie durften ihre Zellen nicht verlassen und bekamen ihre Mahlzeiten durch die Tür geschoben. Dennoch musste man schließlich feststellen, dass sich einige der Soldaten infiziert hatten. Zwar waren die Infektionszahlen der Soldaten in den Kasernen höher, aber die Isolation führte nicht dazu, dass sich niemand mehr ansteckte.

Es gab auch weitere Experimente, die zu vergleichbaren Ergebnissen führten. Etwa der Super Bowl als Endspiel im American Football am 7. Februar 2021. Dieses Endspiel fand in einem Stadion vor Publikum statt – wenn auch nicht in einem bis zum Rand mit Zuschauern gefüllten Stadion. Obwohl sich also sehr viele Menschen an einem Ort befanden, ist es danach nicht zu einer neuen Corona-Welle gekommen. Es lassen sich also durchaus Großereignisse durchführen, wenn es vernünftige Schutzkonzepte gibt.

Und noch auf einen vollkommen anderen Fall sollte hingewiesen werden. Die Antarktis galt lange als letzter Coronafreier Kontinent. Doch im Dezember wurde Corona auch dort festgestellt: In einer Forschungsstation infizierten sich insgesamt 36 Personen mit dem Virus – darunter Angehörige des chilenischen Militärs sowie Zivilisten. Ungewöhnlich daran war der Umstand, dass die Forschungsstation im Grunde seit Monaten vom Rest der Welt fast abgeschottet war und das Virus trotzdem einen Weg dorthin fand. Wie das geschehen konnte, ließ sich nicht vollkommen erklären. Auf einem Schiff, das Vorräte brachte, seien drei Fälle bestätigt worden – allerdings war die gesamte Crew vor der Abfahrt mit PCR-Tests negativ getestet worden. Der Fall zeigt jedenfalls, dass selbst eine langfristige Isolation keinen völligen Schutz vor einer Infektion darstellt.

DIE FRAGE DER VERHÄLTNISMÄSSIGKEIT

Als es zu Beginn der Pandemie zum ersten Lockdown kam, hieß das Ziel *flattening the curve*. Es ging also darum, einen exponentiellen Anstieg der Infektionen zu unterbinden, um eine Überlastung der Intensivstationen zu verhindern. Die Fallzahlen sollten also zeitlich gestreckt werden, um nicht auf einen Schlag eine zu große Zahl an Patienten betreuen zu müssen. Beim zweiten Lockdown war das Ziel ein völlig anderes. Denn nun lag der Fokus auf der Zahl der Infektionen und darauf, die Ausbreitung des Virus an sich zu verhindern.

Das Erste ist sicher ein völlig legitimes Ziel, auch wenn das Mittel schon damals falsch war, weil es um den Schutz der Risikogruppen hätte gehen müssen. Natürlich soll eine Überlastung der Krankenhäuser verhindert werden; aber das erreicht man am besten durch den gezielten, konsequent durchgeführten Schutz der Risikogruppen. Wenn man aber Kräfte und Ressourcen mit Repressalien der ganzen Bevölkerung vergeudet, unterminiert man geradezu den gezielten Schutz der Risikogruppen – was sich zum Beispiel daran zeigte, dass es angeblich nicht möglich war, das Personal in den Alters- und Pflegeheimen regelmäßig zu testen. Als es dann im Herbst um das Verhindern der Neuinfektionen ging, war überhaupt nicht klar, worin die Legitimation dafür bestand, da 90 Prozent der Infizierten symptomfrei waren und die Corona-Infektion für Menschen in einem Alter unter 70 Jahren kein statistisch signifikantes Risiko darstellte.

Überhaupt ist die Verhältnismäßigkeit der Mittel inzwischen so oft und so stark verletzt worden, dass einem dafür im Grunde schon die Worte fehlen. Verhältnismäßigkeit ist ein zentrales, nicht nur ethisches, sondern auch juristisches

Konzept: Der Europäische Gerichtshof für Menschenrechte etwa nimmt in seinen Entscheidungen häufig Bezug darauf. Man durchforstet also nicht nur die Gesetze, um herauszufinden, ob eine Maßnahme vor dem gesetzlichen Hintergrund überhaupt erlaubt ist. Bei der Verhältnismäßigkeit wird auch gefragt, ob es eventuell noch ein anderes Mittel gibt, um ein gewünschtes Ziel zu erreichen. Ein Mittel, das vielleicht milder ist, am Ende aber doch zum Ziel führt. Dieses Prinzip wurde aber sowohl in Hinblick auf den ersten Lockdown als auch in Zusammenhang mit den späteren Maßnahmen deutlich verletzt. Man hat sich im Grunde nur noch auf einen einzigen Aspekt konzentriert und nicht mehr erwogen, welche anderen Mittel zu dem gleichen Ergebnis führen könnten. Vor allem beim zweiten Lockdown konnte man sich nicht damit herausreden, die Mittel seien gerechtfertigt. Es wurden Maßnahmen beschlossen, obwohl es Alternativen gab. Nehmen wir zum Beispiel die Restaurants. Sie mussten mit dem Beginn des zweiten Lockdowns den Betrieb einstellen, obwohl sie inzwischen sehr viel in Hygienekonzepte investiert hatten. Und sei es auch nur in Trennwände aus Plastik zwischen den Tischen, die jedoch durchaus ihren Zweck erfüllten. Mehr noch: Die Gastwirte haben nicht nur solche Konzepte entwickelt, ihnen wurde auch immer wieder kommuniziert, dass sie genau das zu tun haben, um einen weiteren Lockdown beziehungsweise die Schließung der Lokale zu verhindern. Dass der dann doch wieder kam, und die Betriebe allen Maßnahmen zum Trotz wieder schließen mussten, war etwas, das man nicht mehr vermitteln konnte. Allerorts ist in dieser Branche die Wut groß. Besonders in Bayern, wo die Gastronomie und Beherbergungsbranche schon immer einen besonders hohen Stellenwert hatten.

Die Politik ging im Grunde in einem völligen Blindflug vor, obwohl sie inzwischen wissen musste – und wohl auch wusste –, dass die Schließungsmaßnahmen nichts bringen würden. Denn auch die offiziellen Zahlen des RKI machten deutlich, dass die Zahlen der Ansteckungen in Restaurants sehr gering ausfielen. Tatsächlich bewegten sich die Ansteckungszahlen in Restaurants und Schulen im unteren einstelligen Bereich, sie lagen unterhalb von drei Prozent. Die Menschen steckten sich vorwiegend in Alten- und Pflegeheimen sowie im familiären Umfeld an.

Beim Sport wurde immer wieder über einzelne Fälle mit Ansteckungen berichtet: Belastbare Zahlen, die das statistisch belegen, gibt es aber nicht. Studien wie die der Universität des Saarlandes zeigen dagegen, dass das Ansteckungsrisiko bei Sport im Freien sehr gering ist. Auch für den Hallensport gibt es weitgehend nur modelltheoretische Betrachtungen und einzelne Ereignisse, auf deren Basis man massive Schließungen über einen so langen Zeitraum (November bis in den April hinein) nicht rechtfertigen kann. Denn es stellt sich nicht die Frage, wie man auch noch die letzte Infektion verhindern kann, sondern es geht um Verhältnismäßigkeit. Wenn man Infektionszahlen senken will – welche Maßnahmen wären dann wirklich verhältnismäßig? Wir sind grundsätzlich der Auffassung, dass die gesamte Corona-Strategie falsch war. Doch selbst wenn man diese Strategie verfolgt, so hat man sie falsch umgesetzt, weil die Frage der Verhältnismäßigkeit nicht beachtet wurde. Sport etwa trägt unzweifelhaft stark zur Gesundheit bei – wenn man ihn über Monate zu weiten Teilen verbietet oder massiv einschränkt, gibt es Kollateralschäden. Oder es gibt keine wirkliche Rechtfertigung dafür, etwa Restaurants über einen derart langen Zeitraum (Stand Ende März sind es in Deutschland fast fünf Monate!) einfach zu schließen, wenn das Ansteckungsrisiko dort nachweislich so gering ist.

Die versprochenen finanziellen Hilfen für die Betriebe und deren Mitarbeiter sind ein weiterer Punkt, der nicht vernachlässigt werden darf. Grundsätzlich muss ein Staat, der Berufsverbote ausspricht, die von den Verboten betroffenen Menschen entschädigen. Allerdings tragen die Kosten nicht die Politiker, sondern die Steuerzahler. Denn die dafür bereitgestellten Kredite können sich spätestens für nachfolgende Generationen irgendwann als massive Belastung erweisen. Und die Gelder stehen später auch nicht für andere wichtige soziale Aufgaben zur Verfügung – etwa der Finanzierung der Renten: Entweder fallen sie der Inflation oder den Steuern auf Ersparnisse zum Opfer. Eine Vermögenssteuer wird es nicht richten: Das eine Prozent der Reichen reicht dafür nicht. Tatsächlich wird die Bevölkerung und vor allem der Mittelstand all das bezahlen müssen. Man zahlt also weiterhin für die Dienstleistungen, die Restaurants, Fitnessstudios und so weiter erbringen und dadurch unser Leben bereichern – aber wir dürfen diese Dienstleistungen nicht in Anspruch nehmen, weil die entsprechenden Unternehmen mit einem Verbot belegt werden, ihren Beruf auszuüben.

WIRTSCHAFTLICHE, PSYCHISCHE UND SOZIALE SCHÄDEN DES LOCKDOWNS

Und verhältnismäßig bedeutet auch, dass man die Schäden berücksichtigt, die etwaige Maßnahmen anrichten: In Bezug auf die Corona-Lockdowns nun gibt es inzwischen verschiedene Studien, die besagen, die Schäden der Lockdowns werden deren Nutzen bei Weitem übersteigen. Ergreift man

Maßnahmen, dann muss zuvor genau diese Frage geklärt werden, wie denn das Verhältnis des erzielten Nutzens zu den möglichen Schäden ausfällt. Geht es um den gewonnenen Nutzen, dann muss man sich eingestehen, dass man nicht den gewünschten Nutzen in der Form erreicht hat, dass die Infektionen verschwinden.

Zu den gesundheitlichen Schäden kommen die wirtschaftlichen Schäden hinzu. Dazu liegen verschiedene Berechnungen vor, die alle von Milliardenschäden ausgehen, sich aber in der Zahl dieser Milliarden unterscheiden. So rechnete etwa im Dezember die Forschungseinrichtung der Bundesagentur für Arbeit mit wöchentlichen Kosten eines Lockdowns in Höhe von 3,5 Milliarden Euro. Dass solche Zahlen allerdings immer wieder auch schwanken, dafür stehen etwa die Berechnungen des Ifo-Instituts, das im Frühjahr 2020 noch von wöchentlichen Kosten in Höhe von 25 Milliarden ausgegangen war, im Februar 2021 jedoch eine Prognose vorlegte, die nur noch von wöchentlichen Kosten in Höhe von 1,5 Milliarden ausging. Doch der Lockdown dauerte eben nicht nur eine Woche, er dauerte Monate.

Welchen Zahlen man auch immer vertrauen mag, es handelt sich immerhin um Milliardenverluste. Milliarden, die in Bezug auf Investitionen in das Gesundheitssystem, das Bildungssystem und schließlich auch in die Altersversorgung fehlen. Und Menschen sterben auch dann früher, wenn ihre Rente nicht mehr zum Leben reicht.

Doch die Probleme beginnen bereits bei den Kindern und Jugendlichen, deren psychische Gesundheit durch die Lockdowns in Mitleidenschaft gezogen wurde. In Deutschland und in der Schweiz ist es zum Beispiel schon jetzt so, dass kein Arzttermin zu bekommen ist, wenn das Kind unter Depressionen leidet – die Kinder- und Jugendpsychiatrien können keine

Patienten mehr aufnehmen, oder nur mit einer langen Wartezeit, die die psychischen Probleme weiter verstärken kann.

Eine Studie der Universität Salzburg kam im März 2021 zu dem Schluss, dass die vielen Einschränkungen (Schulschließungen, Kontaktbeschränkungen, Schließung von Sport- und Fitnesseinrichtungen, Maskentragen und vieles mehr) dramatische Spuren mit zu erwartenden schweren Langzeitschäden bei Kindern und Jugendlichen hinterlassen haben. Insbesondere der deutschen Regierung stellt die Studie in dieser Hinsicht – gerade auch im internationalen Vergleich – ein vernichtendes Zeugnis aus. Und einer weiteren Studie zufolge sind bei Kindern und Jugendlichen mehr Suizide als Corona-Tote zu verzeichnen.

Ein weiterer Punkt sind die sozialen Unterschiede und deren Folgen. Denn wenn von Homeschooling und Homeoffice die Rede ist, dann betrifft das nur eine bestimmte Bevölkerungsschicht. Ein großer Teil der Bevölkerung kann aber nicht von zu Hause aus an den schulischen Leistungen der Kinder mitarbeiten. Was dazu führt, dass die sozialen Unterscheide noch zunehmen werden, dass die Schere zwischen Arm und Reich immer mehr auseinanderklaffen und viel von dem verloren gehen wird, was in Bezug auf die Verbesserung von Chancengleichheit erreicht wurde. Soziale und kulturelle Unterschiede konnten bisher durch ein gutes Bildungssystem noch in weiten Teilen aufgefangen werden. Doch es ist zu befürchten, dass dieser Fortschritt nun rückgängig gemacht wird. Was sich schließlich auch auf das Thema Integration auswirkt. Wenn etwa Kinder aus Flüchtlingsfamilien nicht mehr in die Schule gehen und dort durch die Mitschüler quasi automatisch die deutsche Sprache erlernen können.

Ebenfalls betroffen durch den Lockdown sind gerade Berufe, in denen Frauen arbeiten. Die Folgen drücken sich in sinkenden Löhnen oder auch Entlassung aus, beispielsweise in der Gastronomie.

Durch all die Lockdown-Maßnahmen sind ganz real Existenzen bedroht – was dann dazu führt, dass die Menschen nicht mehr verstehen, warum man ihre Existenz so geringschätzt – und dann fehlt nicht mehr viel, dass sie auch auf die Straße gehen, um ihrem Unmut freien Lauf zu lassen. Denn selbst wenn die Lockdowns aufgehoben sein werden, wird nach dem in den Jahren 2020 und 2021 Erlebten bei den meisten das Gefühl bleiben, dass es so etwas wie eine längerfristige Sicherheit nicht gibt.

Die wirtschaftlichen Kollateralschäden der Lockdowns sind sehr ungleich verteilt. Der Baubranche etwa geht es sehr gut – obwohl zuletzt auch hier Einbrüche gemeldet wurden. In anderen Branchen hingegen sieht es katastrophal aus. Das gilt neben der Gastronomie etwa für das Beherbergungsgewerbe, den Veranstaltungs- und Reisebereich.

Ebenfalls festzustellen sind nun die ersten wirklich großen Schäden im Bereich des Einzelhandels. So bedeutete Corona etwa das Aus für die Kette der Schuh- und Schlüsseldienste der Marke Mister Minit. Diesem Unternehmen ging es auch vorher nicht sonderlich gut, es hätte aber ohne die Lockdowns sicher überleben können. Doch am 5. März 2021 hieß es, man werde nun den Geschäftsbetrieb in Deutschland vollständig einstellen und alle Filialen schließen. Auch der Steakhouse-Kette Maredo ging es schon länger nicht mehr richtig gut. Doch nach einer Insolvenz im Jahr 2020 wurde allen verbliebenen Mitarbeitern im Januar 2021 gekündigt – nach fast 50 Jahren gingen bei der 1973 gegründeten Kette endgültig die Lichter aus. Andere Ketten wie Douglas, Esprit, Depot, Zara, Pimkie schließen viele Filialen, Runners Point sogar alle in Deutschland. Das wird weitergehen.

Anders als noch vor wenigen Jahren können wir heute sehr vieles über den Onlinehandel ausgleichen. Wir sind in vielen Bereichen also nicht mehr angewiesen auf die Geschäfte vor Ort. Was nun aber ebenfalls ein Beispiel für die ungleiche Verteilung der Lasten des Lockdowns ist. Während gerade kleine Betriebe um ihre Existenz und ihr Fortbestehen fürchten, verzeichnete Amazon als größter Onlinehändler im vergangenen Jahr ein Umsatzplus von nicht weniger als 30 Prozent.

Mit den Lockdowns hat man mit einem Hammer auf einen Schwarm Fliegen eingedroschen, dabei ab und zu auch mal eine Fliege erwischt – aber gleichzeitig ungeheuer viel mehr zerstört. Die Trümmer aufzusammeln, wird noch Jahre in Anspruch nehmen.

CORONA ALS REALES MILGRAM-EXPERIMENT

Fasst man die Zeit der Corona-Maßnahmen zusammen, dann kommt man nicht umhin, Vergleiche mit dem Milgram-Experiment zu ziehen – dass nämlich Menschen bereit sind, Dinge zu tun, die sie eigentlich nie täten, es sei denn, ein Wissenschaftler verlangt es von ihnen. Das ursprüngliche Milgram-Experiment wurde von dem Psychologen Stanley Milgram entwickelt und erstmals im Jahr 1961 durchgeführt. Man wollte auf diese Weise herausfinden, inwieweit Menschen Anweisungen befolgen, die im Widerspruch zu ihrem Gewissen stehen, wenn die Anweisungen von einer Autoritätsperson kommen.

Das Experiment bestand darin, dass Versuchspersonen einer anderen Person Stromschläge erteilten, wenn diese eine falsche Antwort gab. Es handelte sich jedoch nicht um reale Stromschläge, vielmehr um Schauspieler, die so reagierten, als hätten sie tatsächlich einen Stromschlag erhalten. Die Intensität des elektrischen Schlags sollte nach jedem Fehler erhöht werden. Die Anweisungen dazu gab ein Versuchsleiter beziehungsweise Wissenschaftler, bei dem es sich ebenfalls um einen Schauspieler handelte. Die einzige wirkliche Versuchsperson war also diejenige, die die vermeintlichen Stromschläge erteilte. Der Versuchsleiter, also der »gespielte« Wissenschaftler, sollte den Eindruck einer Autorität erwecken. Das Experiment begann damit, dass ein vermeintlicher Stromschlag von 45 Volt verabreicht wurde, danach wurde die Spannung bei jedem Fehler erhöht. Der entsprechende Schauspieler reagierte auf die tatsächlich nicht verabreichten Stromschläge mit Schmerzlauten, die natürlich immer intensiver wurden. Waren schließlich 150 Volt erreicht, verlangte der Schauspieler, von dem an einen elektrischen Stuhl erinnernden Gerät losgebunden zu werden, da er die Schmerzen nicht mehr aushielt. Der ebenfalls schauspielernde Versuchsleiter forderte den Probanden, der die vermeintlichen Schläge erteilte, jedoch auf, den Test im Sinne der Wissenschaft fortzuführen.

Jedes Detail des Testablaufs war vor Beginn festgelegt worden. Dazu zählten auch die Reaktionen auf die Stromschläge. Bei 120 Volt sollten es Schmerzensschreie sein, bei 200 Volt dann Schreie »die das Blut in den Adern gefrieren« lassen – ab 330 Volt sollte nur noch Stille herrschen. Die Sätze, mit denen die Versuchsperson zum Fortsetzen des Tests aufgefordert wurde, standen ebenfalls fest. Etwa, dass es absolut erforderlich sei, den Test fortzusetzen. Das Ergebnis sah schließlich so aus, dass 26 Versuchspersonen Elektroschocks bis zu einer Stärke von 450 Volt verabreichten, nur 14 brachen vorher ab und weigerten sich, den Test fortzusetzen. Milgram selbst zeigte sich von diesem Ergebnis überrascht und sagte, dass es einer Erklärung bedürfe, warum so viele Erwachsene sich bereit zeigten, den Anweisungen einer Autorität grenzenlos zu folgen.

Vor dem Hintergrund der Coronakrise nun zeigt dieses Experiment, welche Macht Wissenschaft haben kann. Menschen sind nämlich bereit, Dinge zu tun, die sie üblicherweise verweigern würden, wenn ihnen gesagt wird, dass die Wissenschaft es von ihnen verlangt. Denn das, was wir seit dem März 2020 erleben, ist letztlich eben ein Milgram-Experiment mit der gesamten Gesellschaft. Es wurde in der Politik und in den Medien so dargestellt, dass die Wissenschaft von den Menschen verlangt, dass sie Dinge tun sollten, die sie im Normalfall nicht tun würden. In einer anderen Situation würden wir es sicher nicht akzeptieren, dass uns eine Autorität vorschreibt, welche sozialen Kontakte wir haben dürfen. Wir würden auch nicht akzeptieren, dass wir im Sterben liegende Angehörige im Krankenhaus nicht besuchen dürfen. Oder etwa auch nicht, dass Väter bei der Geburt ihrer Kinder nicht dabei sein dürfen. Wir würden auch nicht akzeptieren, wenn nur einfach gesagt würde, dass nun Restaurants, Geschäfte, Fitnessstudios und Friseure schließen müssten. Dass also das wirtschaftliche Leben regelrecht lahmgelegt würde und wir nicht mehr frei sind, das zu tun, was wir tun möchten, einfach an die frische Luft zu gehen oder Freizeiteinrichtungen zu besuchen. All das würden wir unter normalen Umständen nicht akzeptieren, weil es massive Grundrechtseingriffe und Eingriffe in unsere Freiheit und Würde sind.

Wird nun aber gesagt, die Wissenschaft fordere genau solches Handeln von uns, dann wird es akzeptiert. Zwar wird inzwischen darüber etwas offener diskutiert, als es noch vor einem Jahr der Fall war. Trotzdem ist es weiterhin so, dass die meisten Menschen den Anordnungen Folge leisten. Auch die Polizei ist bereit, diese Anordnungen durchzusetzen und deren Einhaltung zu kontrollieren, indem sie Menschen auseinandertreibt, die sich einfach nur in kleinen Gruppen treffen, und Bußgelder zu verhängen.

All das setzt sich dann so fort, wie es eben schon im Milgram-Experiment beschrieben wurde. Die Maßnahmen werden wie einst die Stromschläge verschärft, trotzdem leisten die Menschen weiter den Anordnungen Folge.

Das lässt sich recht gut an den Ereignissen im Herbst 2020 beschreiben. Zu dieser Zeit hieß es, dass nun eine zweite Corona-Welle erwartet werde. Es sei darum wissenschaftlich erforderlich, einen erneuten Teil-Lockdown durchzuführen. Als dieser Teil-Lockdown dann einsetzte, haben einige Menschen die Maßnahmen kritisiert und aufgeschrien – etwa die betroffenen Gastwirte und Geschäftsinhaber. Bald jedoch war klar, dass mit dieser Maßnahme die gewünschte Wirkung nicht erzielt werden würde, und man steigerte ein weiteres Mal die Stärke des Stromschlags. Was folgte, war der Lockdown vor Weihnachten. Schon im Januar wurden die Maßnahmen noch einmal verschärft. Nun begannen, wie auch im Milgram-Experiment, tatsächlich die Ersten auszusteigen, weil sie die Aussagen der Wissenschaft hinterfragten, da sie einfach nicht mehr der realen Wahrnehmung der Menschen entsprachen.

Auch beim Milgram-Experiment ist es so, dass dieses Experiment endet, wenn sich nicht mehr genügend Probanden bereit erklären, die geforderten Maßnahmen fortzusetzen. Denn bei dem Experiment – wie auch in totalitären Staaten – ist der Fortbestand beziehungsweise die Fortsetzung nur möglich, solange genügend Personen da sind, die der jeweiligen Ideologie oder den Aussagen vertrauen, dass ihr Handeln wirklich wissenschaftlich erforderlich sei.

Zu all dem ein weiteres Beispiel, und zwar aus dem amerikanischen Bundesstaat New York. Dort wollte an Thanksgiving, dem Erntedankfest, der zuständige Gouverneur durchsetzen zu überprüfen, wo sich wie viele Leute treffen. Doch zu diesem Zeitpunkt waren bei den Menschen bereits so viele Zweifel an der Verhältnismäßigkeit von Vorschriften aufgekommen, dass sich sehr viele Polizisten einfach weigerten, den Anordnungen Folge zu leisten. Sie erklärten, es gehöre nicht zu ihren Aufgaben, in Privathaushalte regelrecht einzudringen, um dort die Zahl der versammelten Menschen festzustellen und den Feierlichkeiten womöglich ein Ende zu setzen. Damit waren die Forderungen des Gouverneurs gescheitert – weil inzwischen genügend Menschen Zweifel hatten und nicht mehr bereit waren, den Forderungen der Autorität nachzukommen.

In Deutschland war ebenfalls zu beobachten, dass die weiteren Verschärfungen der Maßnahmen bei den Menschen immer mehr Zweifel aufkommen ließen, sodass die Zustimmung zu den Maßnahmen zu bröckeln begann. Nur ist es nicht zu einer Ablehnung oder einer Verweigerungshaltung gekommen, obwohl inzwischen klar ist, dass es sich bei den Begründungen der Maßnahmen nicht mehr um eine wissenschaftliche, sondern eine politische Rechtfertigung handelt.

KEINE SYMPTOME, KEINE ANSTECKUNG

Wer Corona-infiziert ist, aber keine Symptome aufweist, der ist nicht signifikant ansteckend – das ist nachgewiesen. Natürlich können Ansteckungen nicht immer 100-prozentig ausgeschlossen werden, das aber ist auch bei anderen Krankheiten so. Doch insgesamt gesehen stecken asymptomatische Kinder, Jugendliche oder auch Erwachsene in 99 Prozent der Fälle keine anderen Personen an. Das lässt sich auch anhand jener Länder belegen, in denen beispielsweise die Schulen nie geschlossen oder nach dem ersten Lockdown rasch wieder geöffnet wurden, wie in Norwegen, Finnland, Dänemark und Island sowie Schweden für die nicht weiterführenden Schulen, die eine Zeit lang geschlossen waren. Auch Länder mit höheren Inzidenzen wie die Schweiz und Frankreich haben in der zweiten Welle nie die Schulen komplett geschlossen. In Deutschland dagegen hat man sich im Grunde gegen die Kinder und gegen die Familien entschieden. Dahinter verbirgt sich ein übertriebenes Vorsichtsprinzip, das jedoch außer Acht lässt, dass man Ansteckungen nie vollkommen ausschließen kann – und die übertriebene Vorsicht letztlich zu großen Schäden führt, die durch umsichtiges Handeln hätten verhindert werden können.

Doch es sind nicht nur die Schulen. Vielmehr gibt es ganze Länder, die beim Thema der asymptomatischen Infektionen vollkommen anders als Deutschland verfahren. In China etwa werden Menschen nicht getestet, die keine Symptome aufweisen. Im Grunde nämlich ist man in Deutschland erst wirklich in die Krise geraten, als man damit begonnen hat, auch die Menschen ohne Symptome zu testen. So etwas wurde in der Vergangenheit nie getan, und es bedeutet letztlich einen völlig irrsinnigen Umgang mit dem Virus. Dahinter verbirgt sich die alte Weisheit: Hat man erst einmal einen Hammer, dann sieht die ganze Welt wie ein Nagel aus. Der Hammer war in diesem Fall der Test, und mit der Durchführung der Tests wurde die Krise herbeigetestet.

Das alles steht auch dafür, dass die gemeldeten Zahlen der Infektionen letztendlich vollkommen irrelevant sind. Denn diese Zahlen geben nicht darüber Auskunft, ob die Infizierten Krankheitssymptome aufweisen oder nicht. Und ein positiver Test bedeutet noch nicht einmal eine Neuinfektion und schon gar nicht, dass die betreffende Person wirklich erkrankt ist.

DIE FREIHEIT DER MENSCHEN SCHÜTZEN

Fragen wir uns, wozu ein Staat eigentlich da ist, dann lautet die Antwort darauf, dass der Staat die Freiheit der Menschen zu schützen hat. Aber warum benötigen wir dafür einen Staat? Hierauf lautet die Antwort, dass die Freiheit des einen dort aufhört, wo sie die Freiheit anderer bedroht. Deshalb brauchen wir ein regulierendes System, das die Grenzen der Freiheitsausübung festlegt. In einer Anarchie würde jeder Mensch so handeln, wie er es möchte. Das würde aber dazu führen, dass die Stärkeren ihre Freiheit auf Kosten anderer auslebten. Dies verhindern besagtes Regelsystem sowie das Gewaltmonopol des Staates. Das greift nämlich dann ein, wenn Menschen die Freiheit anderer einzuschränken versuchen. Der Staat hat also die Grenzen der Freiheit so zu ziehen, dass möglichst alle ihr Leben so leben können, wie sie es für richtig halten – ohne dass andere dabei beeinträchtigt werden.

Diese Grenze lässt sich aber nicht eindeutig ziehen. Sie hängt von kulturellen Umständen und von Wertevorstellungen ab, vor allem entwickelt sie sich im Laufe der Zeit. Vor 60 Jahren etwa galt es noch als moralisch bedenklich, wenn unverheiratete Paare unter einem Dach zusammenlebten – damals bedeutete das ein Überschreiten der Grenze, weil man der Meinung war, solche Paare lebten ihre Freiheit zu weit aus. Heute ist so etwas vollkommen selbstverständlich. Ein anderes Beispiel ist Homosexualität, die in der Bundesrepublik nach dem Zweiten Weltkrieg zunächst noch verpönt war und strafrechtlich verfolgt wurde – sie fiel also nicht unter das Freiheitsrecht der Menschen. Erst 1994 wurde der entsprechende Paragraf 175 abgeschafft und die Homosexualität entkriminalisiert. Heute gehört Homosexualität zur Freiheit der Menschen.

Letztlich handelt es sich in diesen beiden Fällen um Beispiele, wie sich durch den Wandel von Wertvorstellungen in der Gesellschaft die Grenzziehung des Erlaubten und damit der Freiheit verändert. Ein anderes Beispiel wäre der Konsum von Drogen und wie weit dieser zugelassen wird. Ob man das Thema etwa sehr restriktiv angeht, weil Drogen eben abhängig machen können. Geht man restriktiv an die Thematik heran, dann könnte man auch so weit gehen, wie die USA in den 1920er-Jahren, als dort auch Alkoholverbot herrschte. Das andere Vorgehen wäre, dass man Drogen zulässt, die nicht tödlich sind und auch nicht unmittelbar abhängig machen. Auch das sind Beispiele dafür, dass die Grenzen der Freiheit nicht immer in Stein gemeißelt sind.

Andererseits besteht ein Spannungsverhältnis in Bezug auf die Erwartung der Menschen, dass der Staat für den Schutz von Leib, Leben und Eigentum zu sorgen hat. Die Menschen wollen sich in der Öffentlichkeit sicher fühlen – sie wollen nicht befürchten müssen, jederzeit ausgeraubt oder zusammengeschlagen zu werden. Um das aber gewähren zu können, müsste der Staat im Grunde jederzeit von allen Bürgern auch deren Aufenthaltsort wissen. Weil nur dann ausnahmslos zu gewährleisten wäre, dass ein etwaiger Angreifer identifiziert werden könnte. Eine solche Überwachung wäre ein sehr effizientes Sicherheitssystem. Ein derartiger absoluter Schutz würde allerdings von der Bevölkerung nicht akzeptiert werden, weil dadurch sehr viel Freiheit verloren ginge. Denn auch wenn der Staat in einem solchen Fall vorgeben könnte, die Freiheit effektiv zu schützen, handelt es sich letztlich dann doch um einen Orwellschen Überwachungsstaat, der jederzeit etwa den Aufenthaltsort des Einzelnen bestimmen könnte. Solche Maßnahmen würden den meisten Menschen zu weit gehen, weil die Persönlichkeitsrechte wie das Recht auf Privatsphäre massiv verletzt wären.

Dieses Beispiel nun lässt sich auf die momentane Situation unter den Corona-Maßnahmen übertragen. Denn nun wird eben vom Staat der Schutz vor dem Virus absolut gesetzt. Und zwar unabhängig davon, wie sehr oder ob überhaupt das Virus gefährlich ist. Man sagt, dass es nicht zu Ansteckungen kommen darf. Und damit das erreicht werden kann, müssen eben alle physischen Kontakte zwischen Menschen kontrolliert werden. Weil die Menschen sich infizieren könnten, wenn sie sich näherkommen. Geht es nun um den vom Staat gewünschten Schutz von Leib und Leben, muss dieser Staat also überwachen, wo die Menschen sich befinden, und dass sie es etwa vermeiden, sich in größeren Gruppen zu versammeln. Der Staat will also nicht nur vor körperlicher Gewalt schützen, sondern auch vor der Ansteckung mit Viren.

Es handelt sich also um das gleiche Schema, vor dem die Menschen unter normalen Umständen einen solchen Überwachungsstaat ablehnen würden. Letztlich wird jetzt der gesamte Rechtsstaat unterminiert mit der Begründung, den Gesundheitsschutz gewährleisten zu wollen. Das widerspricht aber der Forderung, dass jeder Mensch sein Leben so gestalten können soll, wie er es möchte. Dazu gehört auch die Entscheidung darüber, wo man sich aufhalten will oder wo man einkaufen möchte. Dass zurzeit diese Diktate funktionieren, hängt damit zusammen, dass den Menschen vonseiten der Wissenschaft oder der Politik Furcht eingeflößt wird.

Es handelt sich dabei nicht zuletzt um einen Missbrauch des Notrechts beziehungsweise des Ausnahmezustands. Solche Notrechte gibt es aus gutem Grund, weil es eben zu Notsituationen kommen kann, in denen die normale Rechtsordnung beziehungsweise die Abwägung der Mittel nicht mehr ausreichend erscheint. Ein Beispiel ist der Kriegsfall. Wenn ein Staat angegriffen wird, ist auf Befehl und Gehorsam zu setzen, da ein Handeln in kürzester Zeit erforderlich ist und man den sonst üblichen Entscheidungsprozess nicht abwarten kann. In einem solchen Fall sind die Erlassung und Befolgung von Befehlen nachvollziehbar und notwendig.

Befinden wir uns aber in der aktuellen Situation in einer wirklichen Notlage? Eine epidemische Notlage ist nämlich so definiert, dass eine Gefährdung der gesamten Bevölkerung vorliegt. Das ist aber aktuell offensichtlich nicht der Fall. Vielmehr ist derzeit der Missbrauch von Notrecht das eigentlich Problematische. Für ein Notrecht gibt es gute Gründe, aber es gibt auch gute Gründe, die Hürde, zu Notrecht greifen zu dürfen, sehr hoch anzusetzen.

Der Schutz der Risikogruppen rechtfertigt keine allgemeine epidemische Notlage. Er kann nur rechtfertigen, dass in spezifischen Situationen Grundrechte lokal und partiell eingeschränkt werden. Man kann also verlangen, dass Menschen, die ihre Angehörigen in einem Pflegeheim besuchen wollen, nachweisen müssen, dass sie nicht ansteckend sind, also keine Gefahr für die dort untergebrachten Menschen darstellen.

Alle anderen Menschen aber sollten ihr Leben selbst gestalten und entscheiden dürfen, welche sozialen Kontakte sie haben möchten. Und sie sollten die Unterstützung bekommen, die es ihnen ermöglicht, diese Kontakte zu pflegen – oder sie zu reduzieren.

Der eigentliche Punkt ist aber, dass der Ausruf der epidemischen Notlage unter wissenschaftlichen sowie medizinischen und politischen Gesichtspunkten vollkommen unberechtigt ist. Die Gefahr besteht darin, dass künftig in vollkommen verantwortungsloser Weise die Hürde dafür herabgesetzt wird, wann der Staat zum äußersten Mittel eines Notrechts greifen darf.

Ein Beispiel vor diesem Hintergrund wäre die Zahl der Verkehrstoten. Jedes Jahr sterben in Deutschland knapp 3000 Menschen im Straßenverkehr. Dabei handelt es sich um jüngere oder auch mittelalte Menschen. Was wiederum bedeutet, dass durch die Verkehrsunfälle eine beachtliche Zahl an Lebensjahren verloren geht. Natürlich ist Corona im Vergleich deutlich schlimmer. Aber man könnte etwa täglich auch in den Nachrichten die Verkehrstoten thematisieren, könnte über die Verkehrstoten des Tages berichten und entsprechende furchterregende Bilder verbreiten, etwa das »Unfallopfer des Tages«, zum Beispiel wie jemand eingequetscht in seinem Fahrzeug zu Tode kommt oder ein Fußgänger von einem Auto überfahren wird. Würde man solche Bilder und Meldungen täglich in den Medien verbreiten, so hielten die Menschen den Straßenverkehr sicher für weitaus gefährlicher, als er tatsächlich ist. Politiker würden sich als diejenigen in Szene setzen, die uns vor den Gefahren des Straßenverkehrs schützen, und die Leopoldina würde Ad-hoc-Stellungnahmen verbreiten, in denen sich Einschränkungen des Individualverkehrs als aus wissenschaftlicher Sicht unbedingt notwendig erweisen würden. Und man könnte vor diesem Hintergrund verlautbaren lassen, dass es nun eine Lösung für dieses Problem gebe: selbstfahrende Autos. Weil diese Lösung nun existiert, dürfe sich fortan niemand mehr selbst hinter das Steuer setzen, bis es genügend selbstfahrende Autos gebe, die in diesem Fall den Impfungen entsprechen. Ausnahmen würden lediglich für Krankentransporter und ähnliche Fahrzeuge gelten, die von den Beamten und Wissenschaftlern hinter ihren Schreibtischen als lebensnotwendig deklariert würden. Wieso nicht? Wenn einmal Grundrechte massiv eingeschränkt werden, können mit einer entsprechenden Inszenierung durch Medien, Wissenschaftler und Politiker, ohne dass irgendeine lebensbedrohliche Lage für die Gesamtbevölkerung besteht, der Willkür Tür und Tor geöffnet werden. Und dann bestehen die Freiheit, die offene Gesellschaft und der Rechtsstaat nicht mehr.

Es geht im Endeffekt darum, dass keine Grenze definiert ist, wann zum Notrecht gegriffen werden darf. Warum darf man heute so handeln, und warum hätte man so etwas bei früheren Pandemien für einen völligen Missbrauch von Notrecht gehalten? Denn im Grunde ließe sich ja das, was geschehen ist, bei künftigen Fällen inflationär ausweiten. Weil man eigentlich nur den Menschen Furcht einflößen und auf ein paar Wissenschaftler verweisen müsste, die solche Maßnahmen befürworten.

Derzeit wird in der Berichterstattung des Öfteren auf schwere Verläufe einer Corona-Infektion bei Jüngeren hingewiesen. Solche Fälle gibt es tatsächlich – im Grunde bei vielen Krankheiten – und insbesondere auch bei der Influenza, der Grippewelle, die in den Jahren 2017 und 2018 in ihren Auswirkungen durchaus vergleichbar mit der Coronakrise war. Zudem wird in diesem Zusammenhang immer wieder der Begriff »Long-Covid« ins Spiel gebracht, der dafür steht, dass es auch Langzeitfolgen der Infektion geben kann. Tatsächlich jedoch kann man über dieses Thema noch keine fundierten gültigen Aussagen machen, da die Spätfolgen erst in Langzeitstudien erforscht werden müssen. Alles, was jetzt dazu geäußert wird, ist im Wesentlichen Spekulation – und es gibt bis heute keine klaren Anzeichen dafür, dass die spekulativen Spätfolgen die Risiken aus dem Lockdown und anderen Maßnahmen übersteigen. Darum kann auch das Thema der Spätfolgen nicht dafür herhalten, zu einem Notrecht zu greifen. Auch in der Vergangenheit gab es ähnliche Prognosen beziehungsweise Befürchtungen, die sich schließlich als haltlos herausstellten – so beispielsweise 1992, als alle Welt von Rinderwahnsinn (BSE) sprach und sich vor den Folgen fürchtete. Wäre wahr geworden, was damals als Prognose kursierte, dann wären inzwischen Millionen Menschen gestorben, deren Gehirne sich infolge des Genusses von Rindfleisch zersetzt hätten.

Letztlich lässt sich im Grunde für alles ein extremes Szenario mit verheerenden Folgen ausmalen. Möglicherweise kann auch die Strahlung von 5G-Antennen gefährliche Folgen haben – wenn man denn die Strahlen aller verfügbaren Antennen bündelt und sie in einem ganz bestimmten Verhältnis auf das Gehirn eines Menschen richtet. Nur haben solch theoretische Gefahren in der Regel nichts mit der Realität zu tun – und sie können darum nicht als Begründung für die Einsetzung eines Notrechts dienen. All dies fordert uns dazu auf, im Handeln Umsicht walten zu lassen und stets erwarteten Nutzen und mögliche Risiken gegeneinander abzuwägen.

Wenn aber zu einem Notrecht gegriffen werden soll, wer muss dann begründen, dass es dafür tatsächlich einen oder mehrere triftige Gründe gibt? Die Antwort darauf ist eindeutig: Die Beweislast liegt immer bei denjenigen, die anderen Vorschriften machen wollen. Sie liegt also bei denen, die bestimmen, dass die Menschen ihre Geschäfte, Restaurants,

Hotels nicht mehr öffnen, die Kinder die Schule vorerst nicht mehr besuchen und ihre Spielkameraden nicht mehr sehen dürfen.

Die Beweislast liegt jedoch nicht bei denen, die eine Öffnung der geschlossenen Geschäfte und Schulen fordern. Diese Forderung muss gerade *nicht* begründet werden – da offene Geschäfte und Schulen den Normalzustand darstellen. Denn der Normalzustand ist eben, dass jeder Mensch sein Leben – im Rahmen gewisser Regeln – so gestalten kann, wie er es möchte. Dieser Normalzustand ist durch das Grundgesetz geschützt. Wer aber diesen Normalzustand aussetzen will, muss dafür eindeutige und zwingende Gründe angeben können – Gründe, die auch über wissenschaftliche Zweifel erhaben sind.

Die Grundrechte nicht anzutasten, das ist sowohl im Sinne der Bürger als auch der Politiker – selbst wenn viele von ihnen das noch nicht realisiert haben. Politikern geht es im Endeffekt immer um Macht. Und die Einschränkung der Grundrechte in der jetzigen Situation macht es für Politiker später dann immer schwerer – einfach ausgedrückt – ein Machtwort zu sprechen. Das Aushebeln der Grundrechte aus einem kaum vermittelbaren Grund macht es immer schwerer, in einer nahen oder ferneren Zukunft eine Einschränkung der Grundrechte durchzusetzen – auch wenn dann tatsächlich eine Notlage bestehen sollte.

Geht es um das Ergreifen von Maßnahmen, dann muss es auch um das Beenden dieser Maßnahmen gehen. Denn irgendwann ist eine vermeintliche oder tatsächliche Notlage vorbei, und dann geht es darum, den Menschen zu erklären, warum die einmal ergriffenen Maßnahmen nun beendet werden. Dann steht man vor der Frage, mit welcher Begründung man diese Maßnahmen wieder aufhebt, auch wenn manche

Bürger sich daran gewöhnt haben und Angst vor dem Normalzustand haben. Wenn diese Bürger also Garantien verlangen, dass das Beenden zu keinerlei Gefährdung führt. Gerade in der Coronakrise wird von manchen eine risikolose Sicherheit verlangt, die so gar nicht gewährt werden kann. Einige finden – ob nun ehrlich gemeint oder nicht – etwaige Lockerungen sogar als menschenverachtend.

Die Politik muss also die Geister, die sie gerufen hat, irgendwann wieder loswerden. Das aber wird nicht so einfach sein, wie es sich mancher wünschen mag. Aus diesem Grund wäre es besser gewesen, die Grundrechte nicht infrage zu stellen und sie schon gar nicht auszuhebeln.

Dabei verleiht die Einschränkung der Grundrechte nur der Gruppe von Politikern Macht, die genau das gefordert hat. Ausgeschlossen sind Politiker oder Parteien, die solche Forderungen nicht unterstützen. Kann nun eine bestimmte Gruppe von Politkern durch solche Einschränkungen ihre Macht zementieren – etwa auch dadurch, dass Wahlen hinausgezögert werden –, dann befinden sich die anderen Politiker auf der Verliererseite, da sie nicht mehr über die Möglichkeit verfügen, einen Regierungswechsel durch die üblichen demokratischen Prozesse herbeizuführen. Die Folge solchen Handelns sehen wir in autoritären Staaten, in denen sich bestimmte Gruppen oder Clans auf Kosten aller anderen durchgesetzt haben. Grundrechtseinschränkungen enden also immer damit, dass eine Gruppe von Politikern alle anderen Strömungen ausschaltet. Nur weiß anfangs eben keine Partei und kein Politiker, wer am Ende auf der Seite der Sieger stehen wird. Deswegen sollte es auch im Sinne jedes Politikers und jeder Politikerin sein, sich an die demokratischen Spielregeln zu halten, weil er oder sie dann durch die üblichen Regularien wie Wahlen die Chance bekommt, zumindest vorübergehend an der Macht zu sein.

Die gesamte Impfkampagne sowie die Diskussion über die Impffreihenfolge sind vor diesem Hintergrund vollkommen sinnlos. Bei den Risikogruppen wiederum kann im Grunde auch nicht mit der Spritze in der Hand auf die Menschen losgegangen werden. Denn hier muss ebenfalls gelten, dass jeder Mensch selbst entscheidet, ob er oder sie geimpft werden möchte. Es kann durchaus so sein, dass ältere Menschen sich vor den möglichen Nebenwirkungen eines Impfstoffes fürchten und lieber auf die Impfung verzichten – um die verbleibende Lebenszeit ohne etwaige Nebenwirkungen verbringen zu können.

Schon zu Beginn der Coronakrise gab es eine seltsame Veränderung der bisher verfolgten Strategie bei Pandemien, als nämlich behauptet wurde, man könne aus der Krise nur mit der Impfung herauskommen. Das Prinzip der Herdenimmunität wurde verdammt – nun wird aber mit der Impfkampagne versucht, genau diese Herdenimmunität gezielt herbeizuführen.

Wie der Ausstieg funktionieren kann, das machen die USA vor. Denn dort haben – wie bereits erwähnt – schon bis März 2021 19 Bundesstaaten die Maßnahmen beendet. Dort hat die Bevölkerung ein Impfangebot erhalten, man hat aber weder direkten noch indirekten Zwang ausgeübt. Und dann sind beispielsweise Texas und Mississippi (März), Indiana und Utah (April) aus den Maßnahmen aussteigen.

Und auch dort ist man sich bewusst, dass keine Impfung immer 100-prozentigen Schutz mit sich bringt. Leben birgt grundsätzlich ein gewisses Risiko in sich. Das wird immer so sein. Das gilt sowohl für das Risiko, das wir eingehen, wenn wir uns nicht impfen lassen, als auch für das Risiko, wenn wir uns impfen lassen. Ein Beispiel hierfür ist die Diskussion, die rund um den Impfstoff des Herstellers AstraZeneca entstanden ist.

Nach der Verabreichung dieses Impfstoffs waren bekanntlich Fälle von Hirnvenenthrombosen aufgetreten. Das ist ein Beispiel für ein Risiko, das wir eingehen, wenn wir uns impfen lassen – auch wenn es sich um sehr seltene Ausnahmefälle handelt. So etwas darf und kann aber nicht bedeuten, dass wir wegen der Restrisiken die gesamte Impfkampagne abbrechen und die Risikopersonen kein schnelles Impfangebot bekommen. Mittlerweile sind von ihnen auch viele bereits geimpft – aber immer noch hält man in Deutschland (anders als in anderen Ländern) an der starren Impfpriorisierung fest: Es dürfen nur in einer bestimmten Reihenfolge Personen geimpft werden. Das grenzt mittlerweile an Gerechtigkeitswahn: Millionen Impfdosen (insbesondere von AstraZeneca) liegen ungenutzt herum, aber es dürfen – wie eine in einem Impfzentrum tätige Medizinerin im März twitterte – nicht einmal 65-jährige Begleitpersonen mit jenen Chargen geimpft werden, die von den zum Termin nicht Erschienenen am Tag übrig bleiben. Hier hätte beispielsweise ein Ethikrat längst tätig werden und das Aufgeben der starren Reihenfolge dringend empfehlen müssen. Wir dürfen uns nicht zu Tode bürokratisieren.

Um den Ausstieg aus den Corona-Restriktionen zu ermöglichen, müssen wir auch den Blick von den berüchtigten Inzidenzwerten weglenken. Wir dürfen nicht wie hypnotisiert auf diese Werte starren, auch wenn sie mal höher sind, als manche es sich wünschen. Denn die Inzidenz ist im Wesentlichen eine künstliche Zahl, die wir in früheren vergleichbaren Krisen nicht hatten, die an sich relativ belanglos ist und eher wenig aussagt. Stattdessen müssen wir andere Indikatoren stärker im Blick behalten – wie etwa die tatsächliche Belastung des Gesundheitswesens durch Patienten, die sich mit dem Coronavirus infiziert haben – und auch faktisch ernsthaft krank geworden sind. Diese Belastung allerdings muss durch

Zahlen belegt sein und darf sich nicht auf die Aussagen einzelner Mediziner stützen, also auf das, was man gerne anekdotische Evidenz nennt. Wir haben in diesem Buch bereits darauf hingewiesen: Ja, es gibt tatsächlich immer wieder punktuell beziehungsweise regional höhere Belastungen der Intensivstationen. Aber das war nie in der Breite der Fall – und ist im Vergleich zu Grippewellen früherer Jahre auch nichts Ungewöhnliches.

Letztlich müssen wir also aus den ewigen Lockdowns heraus und alles wieder öffnen – weitgehend unabhängig von aktuellen Inzidenzwerten. Das ist auch nicht ungewöhnlich, da andere Länder längst so verfahren. Schweden etwa hat Geschäfte und Restaurants geöffnet gelassen, und zwar auch, als man beispielsweise im März 2021 Inzidenzen von knapp 300 registrierte. Trotz solcher Werte liegen die Zahlen der Corona-Toten in Schweden im Verhältnis zur Gesamtbevölkerung auf einem vergleichbaren Niveau wie in Deutschland, die Belegung von Intensivbetten ist sogar noch geringer als bei uns. In Estland lag beispielsweise die Inzidenz im März sogar weit über einem Wert von 700, und trotzdem wurde auch dort nicht quasi das ganze Land geschlossen. Italien ging wiederum zur gleichen Zeit einen anderen Weg. Auch dort lagen die Inzidenzen plötzlich wieder oberhalb von 200, sodass das Land den nächsten Lockdown plante und etwa Restaurants wieder schloss – die allerdings größtenteils über Monate hinweg bereits offen hatten (zumindest tagsüber bis 18 Uhr) –, während in Deutschland seit dem 1. November alles komplett geschlossen war. Das zeigt letztlich auch, dass die Inzidenzwerte keine absoluten Zahlen darstellen, die ein Land zu diesem oder jenem Handeln zwingen, weil sie keine Aussagekraft darüber haben, wie viele Menschen tatsächlich erkrankt sind. Der Inzidenzwert beruht darauf, wie viele Menschen positiv auf das Virus getestet worden sind: Mehr Tests führen demnach zu einer höheren Inzidenz.

In diesem Zusammenhang ist es auch wichtig, dass die Menschen sich gegen Panikmache wehren. Etwa wenn, wie immer wieder geschehen, in den Medien manche Mediziner vor der nächsten Welle warnen und fordern, das Land umgehend wieder vollkommen dichtzumachen. Dabei ist auch zu beachten, dass es – Warnungen in allen Ehren – letztlich nicht darum geht, quasi das Gesundheitssystem vor den Patienten zu schützen. Das Gesundheitssystem existiert ja, weil es Patienten gibt, die Behandlung benötigen – es ist eine Versicherung, deren Sinn darin besteht, dass sie ihre Wirkung entfaltet, wenn der Versicherungsfall eintritt. Ist nun bekannt, dass immer wieder Wellen kommen können, dann geht es doch darum, dass sich die Krankenhäuser darauf vorbereiten und dass gegebenenfalls zusätzliche Kapazitäten aufgebaut werden. Um die Panikmache abzuschwächen, sei an dieser Stelle darauf hingewiesen, dass die Belegung der Intensivbetten während der zweiten Welle der Pandemie weitgehend konstant geblieben ist. Zudem wurde die Zahl der verfügbaren Intensivbetten, nachdem viele dieser Betten in der ersten Welle ungenutzt geblieben waren, seit Sommer 2020 sogar eher abgebaut statt ausgeweitet, um auf künftige Wellen medizinisch vorbereitet zu sein.

AUSBLICK

Sprechen wir von Corona, dann benutzen wir in dem Zusammenhang immer wieder den Begriff Krise – ohne uns aber bewusst zu machen, was dieser Begriff wirklich bedeutet. Denn tatsächlich steht der Begriff für einen Höhe- beziehungsweise Wendepunkt im Rahmen eines Konflikts, den Punkt der Entscheidung. Diesem Höhepunkt ging eine massive Funktionsstörung im Rahmen eines sozialen Systems voraus. Der Wendepunkt bietet die Möglichkeit zur Lösung des Konflikts – oder aber auch dessen Verschärfung.

Einen solchen Wendepunkt gab es in Deutschland zum Beispiel im Jahr 1918 nach dem Ende des Ersten Weltkrieges. Damals stellte sich die Frage, ob das Land künftig eine Räterepublik nach sowjetischem Vorbild werden oder ob der Weg vielmehr in Richtung einer Demokratie weisen sollte. Schließlich fiel die Entscheidung glücklicherweise dann für den demokratischen Staat.

Zu Beginn der 1930er-Jahre stand das Land erneut vor einer Entscheidung. Nun lautete die Frage, ob es möglich sei, die demokratischen Kräfte sowie Teile der gemäßigten Rechten zu einen – oder ob es zu einer Machtübernahme durch die Nationalsozialisten käme. Wie wir heute wissen, ging es damals für die Demokraten schlecht aus.

Nach dem Zweiten Weltkrieg bestand bis etwa 1952, bis zum Zeitpunkt der Stalin-Note, die Frage, ob Deutschland künftig ein neutraler Staat werden, oder ob das Land die

Westbindung eingehen würde. Die Westbindung wurde schließlich durchgesetzt, und diese Konstellation hatte bis zum Mauerfall am 9. November 1989 Bestand.

Heute stehen wir wieder vor einer Weichenstellung. Und die Frage lautet jetzt, ob wir eine offene Gesellschaft bleiben, die sich auf unantastbare Grundrechte stützt. Bleiben wir also eine Gesellschaft, in der Entscheidungen durch Wahlen herbeigeführt werden und in der es um einen Wettbewerb politischer Parteien geht, während Experten jene Bereiche vorbehalten bleiben, in denen sie auf der Grundlage fachlichen Wissens und Könnens imstande sind, Aufgaben und Probleme zielorientiert, sachgerecht, methodengeleitet zu lösen?

Oder kommt es zu einer Weichenstellung, deren Ergebnis eine Art von Expertenherrschaft darstellt? Einer Herrschaft, in der die Politiker bestimmte Experten beauftragen, Entscheidungen vorzugeben, die dann umgesetzt werden – weil die Wissenschaft, deren Sprachrohr die Experten sind, sagt, das sei der einzig richtige Weg. Dieser Weg führt aber weg von der offenen und hin zu einer geschlossenen Gesellschaft: Den Zugang zum gesellschaftlichen Leben bestimmt dann eine Elite von Experten und Wissenschaftlern, indem sie für den Zugang willkürlich Bedingungen auferlegt, die in einem sozialen Pass – wie etwa einem Impfpass – zertifiziert werden. Die offene Gesellschaft hingegen anerkennt jeden Menschen als Person, die eine bestimmte Würde hat. Jedem Menschen stehen gewisse Grundrechte zu, die ihm die Freiheit lassen, seine sozialen Beziehungen selbst zu gestalten. Niemand hat die Befugnis, die Grundrechte an bestimmte Bedingungen – wie etwa einen sozialen Pass in Form eines Impfpasses – zu knüpfen. Das wäre das Ende der offenen Gesellschaft und das Einläuten der Willkürherrschaft.

Dieser Weg wird künftig auch bestimmen, wie wir etwa mit der Klimakrise verfahren. Es wurde auch schon angedroht, die Coronakrise als Blaupause für das Thema Klima zu nutzen. Ein weiteres Beispiel wäre die Wirtschafts- und Finanzpolitik, bei der etwa Zentralbanken rein technokratisch festlegen würden, wie es künftig im Euroraum weiterzugehen hat. In einer offenen Gesellschaft würde man hingegen einen anderen Weg einschlagen, solche Entscheidungen demokratisch einbetten und unterschiedliche Positionen anhören.

Bei all den genannten Wenden vergangener Jahrzehnte spielten übrigens die liberalen Kräfte eine entscheidende Rolle. Damit meinen wir nicht spezifisch jene Partei, die das Wort »liberal« im Namen trägt, sondern liberale Strömungen und Politiker/innen im weitesten Sinne. Auch jetzt sind wir wieder an einem solchen Punkt, an dem die Liberalen eine besondere Rolle zu spielen hätten. Denn die liberalen Strömungen sind vor allem deshalb so wichtig, weil sie immer auch den Blick darauf richten, dass die Grundrechte kompromisslos zu achten sind. Bei anderen politischen Strömungen stehen beispielsweise mehr die innere und äußere Sicherheit im Mittelpunkt des Interesses. Oder sie setzen mehr auf soziale Sicherheit. Die Grundrechte aber sind immer ein überparteilich liberaler Punkt. Wir müssen wieder dahin gelangen, dass wir die Grundrechte so sichern, dass sich ihr Aushebeln nicht mehr wiederholen kann, vor allem nicht über einen derart langen Zeitraum, wie es zuletzt der Fall war.

Liberalismus aber bedeutet noch mehr. Er bedeutet auch, sich von dem Gedanken zu verabschieden, dass der Staat für den Einzelnen immer alles richtet, dass der Mensch also einen großen Teil der Verantwortung dem Staat zuschiebt. Gerade diese illiberale Haltung wurde in der Vergangenheit (leider) von einigen Philosophen immer wieder gestärkt. Hegel etwa hat betont, dass es der Staat ist, der den Menschen erst vollendet. Und was wir heute beobachten können, das ist letztlich eine Allianz von linkem und rechtem Hegelianismus. Der rechte Hegelianismus wird verkörpert durch Personen wie etwa Markus Söder, der in den Augen vieler für einen auf Autorität setzenden Staat steht. Bei dem linken Hegelianismus geht es hingegen um einen ideologisch untermauerten Staat, der bestimmte Ziele wie die soziale Gerechtigkeit verfolgt oder der die Menschen von ihren Risiken entlastet.

Diese beiden Strömungen stehen sich unter normalen Umständen diametral gegenüber, weil die rechten Hegelianer in der Tradition auf bloße Autorität setzen, während die linke Fraktion eher sozialistische Tendenzen und die Idee vertritt, dass der Mensch sich nur im Staat verwirklicht und der Staat diese Verwirklichung etwa über die Planung des wirtschaftlichen und gesellschaftlichen Lebens durchsetzen muss.

Während der Coronakrise sind diese beiden gegensätzlichen Strömungen plötzlich eine Allianz eingegangen. Denn nun sahen beide Seiten den Staat gefordert als diejenige Institution, die mit autoritären Maßnahmen angeblich die Gesundheit der Menschen schützen soll.

Diese perfekte Allianz zwischen einem Söder auf der einen und den Grünen auf der anderen Seite ist das wirklich Neue an dieser Situation. Denn alle unterscheiden sich in ihren politischen Aussagen plötzlich nur noch unwesentlich. Beide betonen im Grunde unisono, der Staat habe das Ziel zu erreichen, dass sich niemand mehr mit Viren infiziert, und der Staat solle auch noch dafür sorgen, dass sich das Weltklima nicht weiter verschlechtert und so weiter. Das führt letztlich dazu, dass die Menschen in einen Zustand allgemeiner Unsicherheit geraten, der durch die Grundrechte eigentlich verhindert werden soll. Bisher galt auch die

Rechtssicherheit als einer der wichtigsten Standortfaktoren Deutschlands, weil hier Sicherheit für Investitionen geboten wurde – sowohl ausländischen Investoren als auch den Bürgern, die in ihre Geschäftsidee investierten. Diese Rechtssicherheit aber geht verloren, wenn die Menschen erleben, dass Grundrechte wegen willkürlich herausgestellter Gesundheitsrisiken – oder in Zukunft vielleicht wegen Klimarisiken – ausgesetzt werden können.

Die Deutschen sollten lernen, grundsätzlich mehr Misstrauen gegen einen überbordenden Staat zu haben. Es würde sich um eine durchaus positive Entwicklung handeln, weil ein solches Misstrauen in anderen Ländern wesentlich stärker vorhanden ist. Schon während der Coronakrise gab es Anzeichen, dass eine solche Entwicklung auch hierzulande im Gang ist. Gerade weil die Maßnahmen sich derart lang hinzogen, haben Menschen erkannt, dass sie vielem nicht mehr vertrauen können. Das gilt für die Politik, die Medien und auch für die Wissenschaft. Der Staat hat also durch sein Handeln schon viel von dem zuvor in ihn gesetzten Vertrauen verloren. Man stellt das auch bei durchaus dem Mainstream zuzurechnenden Künstlern, Sportlern und Schauspielern fest, die sich – bei allem Verständnis – mittlerweile ausgesprochen kritisch über die restriktiven Maßnahmen äußern, etwa Daniel Kehlmann, Jan Josef Liefers oder Katarina Witt.

Zurückgewinnen kann der Staat das verloren gegangene Vertrauen nur, wenn er sich auf seine Kernaufgabe zurückbesinnt, einen Rechtsrahmen zu schaffen, um die Grundrechte zu schützen.

Wir sollten in Deutschland vor diesem Hintergrund auch lernen – formulieren wir es mal so –, mehr Helmut Schmidt zu wagen. Also Dinge auch unbürokratisch anzugehen und zu regeln – so wie Schmidt bei der Hamburger Sturmflut 1962 oder der RAF-Bedrohung in den 1970er-Jahren. Denn eines unserer großen Probleme besteht darin, dass wir regelrecht in Bürokratie ersticken. Das war gerade im bislang letzten Teil der Coronakrise zu beobachten. Beispiele dafür sind etwa die unsäglichen Pannen bei der Auszahlung versprochener Hilfen oder bei dem, was inzwischen nur noch als Impfdesaster bezeichnet werden kann. Schon bei der Bestellung der Impfstoffe wurde vor allem bürokratisch gedacht. Mehr Helmut Schmidt wagen bedeutet, dass wir viel mehr über die bestehenden bürokratischen Strukturen hinausdenken und handeln sollten. Dass wir uns also fragen, warum wir etwas machen, was denn eigentlich der Sinn staatlicher Maßnahmen ist – was ist der Sinn von Krisenbewältigung? Und wie erreichen wir diesen Sinn, ohne uns gleich wieder in kleinsten Details der Regulierung zu verfangen? Diese Bürokratisierung hat in der Ära Merkel einen neuen Höchststand erreicht – gerade im Vergleich zu ihrem Vorgänger Schröder, der eher bürokratische Hürden zu umschiffen suchte.

Ein zentrales Beispiel für die Versäumnisse der Ära Merkel ist nicht zuletzt die Digitalisierung, die vor allem auch durch die deutsche Bürokratie verschleppt wurde. Hier kann man nicht einmal sagen, dass das Thema mit der berühmt-berüchtigten deutschen Gründlichkeit in Angriff genommen wurde, das Handeln lässt sich eigentlich nur als »Schnarchnasigkeit« umschreiben. Im Jahr 2013 etwa sorgte Angela Merkel für Spott, als sie davon sprach, das Internet sei für uns alle immer noch Neuland. Das ist inzwischen rund acht Jahre her, doch in diesen acht Jahren hat es nur sehr geringe Fortschritte bei der Digitalisierung gegeben. Wie ist es mit der digitalen Infrastruktur bestellt? Glasfaser? Schnelle Netzverbindungen auch auf dem Land? Oft Fehlanzeige. Und so, wie man in diesem Bereich vorgegangen ist, hat man es letztlich in der Corona-Zeit leider auch mit den Impfungen gehandhabt. Wir Deutschen schauen gerne auf ein Land wie Marokko herab, das wir traditionell als weniger entwickelt betrachten. Kommen Marokkaner jedoch nach Deutschland (selbst erlebt!), sind sie einfach nur entsetzt, wie rückständig unser Land in Bezug auf digitale Infrastruktur und Verwaltung in der Realität ist.

Tatsächlich fällt es schwer, in der Ära Merkel überhaupt *irgendwelche* Zukunftsprobleme zu nennen, die mit einer echten Zukunftsperspektive angegangen wurden. Das gilt auch für die Außenpolitik, das Verhältnis zu den USA oder China. Und man muss nicht einmal so weit in die Ferne schweifen. Die EU hat während der Krise ebenfalls massiv Schaden genommen: Zum einen wurden außerhalb der EU die Risikogruppen deutlich schneller geimpft. Und zum anderen geht es um die offenen Grenzen, die immer ein zentrales Argument für ein Vereinigtes Europa waren – und die nun infolge der Krise für die Menschen über viele Monate hinweg praktisch nicht mehr existent sind. Merkel und andere Politiker warnten immer wieder vor Reisen ins Ausland – und das nur 30 Jahre nach dem Fall der Mauer. Geschichtsvergessen. Nun, das wird zur Folge haben, dass sich die Bürger der EU die Frage stellen werden, wozu die EU denn überhaupt noch gut ist: Vielleicht bleibt der Brexit kein isoliertes Ereignis.

Für die Zukunft müssen daher etwa auch Grundrechte etabliert werden, die nicht nur national, sondern auch auf EU-Ebene Gültigkeit haben.

DEMOKRATIE NEU JUSTIEREN

Grundsätzlich sind wir seit 1945 mit unserer Demokratie ganz gut gefahren. Während der Krise ist jedoch sichtbar geworden, dass wir einige Parameter neu justieren müssen – gerade in Bezug auf die Grundrechte.

Dazu zählt nicht zuletzt die Judikative. So hat das Bundesverfassungsgericht nur eine untergeordnete Rolle gespielt, als es um die Bewältigung der Krise ging. Genau das aber muss sich wieder ändern, das Bundesverfassungsgericht muss sich wieder direkter einmischen. Frühere Vorsitzende des obersten deutschen Gerichts haben das übrigens deutlich getan, etwa Roman Herzog, Jutta Limbach oder Hans-Jürgen Papier. Die Verhältnismäßigkeit von Maßnahmen ist ein zentraler Punkt, den die Juristen einfordern müssen – egal, was die Politik sagt und will. Im Zusammenhang mit der Judikative ist dabei noch ein weiterer Umstand problematisch, nämlich dass sich manche Richter der unteren Ebenen offenbar nicht wirklich unabhängig fühlen (obwohl die Verfassung gerade das garantieren soll), sondern dass sie befürchten, politische Nachteile zu haben und beispielsweise nicht befördert zu werden. Das schürt sehr grundsätzliche Bedenken hinsichtlich der Gewaltenteilung in Deutschland insgesamt. Die Prozesse der Auswahl von Richtern etwa müssen hinterfragt werden. Auch in dieser Hinsicht können – und müssen – wir aus der Vergangenheit lernen.

Die deutsche Kleinteiligkeit ist ebenfalls ein solches Thema: der Bürokratismus, die Knausrigkeit im Detail – sie haben uns das Impfversagen gerade im Hinblick auf die Risikogruppen und viele andere Pannen in der Coronakrise beschert. Die Devise muss auch hier heißen: Nie wieder! Und stattdessen: Mehr Helmut Schmidt wagen!

Die politische Kommunikation muss sich verändern: die Angstrhetorik, die Panikmache – nie wieder! Aber noch mehr: Die Art der Ansprache, wie sie in der Krise, vonseiten der Kanzlerin, der Ministerpräsidenten, weiterer Politiker sowie Wissenschaftler erfolgte, darf sich nicht wiederholen. Man hatte streckenweise den Eindruck, hier werde zum einfältigen Volk oder zu unmündigen Kindern gesprochen – statt zu mündigen Bürgern. Nie wieder!

Kann sich Politik eigentlich entschuldigen? Merkel hat sich am 24. März entschuldigt – aber nur für die lächerliche »Osterruhe«, nicht für die viel größeren Fehler der völlig gescheiterten Corona-Politik mit dem monströsen Versagen im Schutz der Risikogruppen – keine Tests für das Personal in den Alters- und Pflegeheimen. Vielleicht brauchen wir eine Verschiebung unserer politischen Kultur – dahingehend, dass Politiker nicht auf Biegen und Brechen auf dem einmal eingeschlagenen Weg bestehen müssen. Angenommen, Merkel oder andere hätten sich frühzeitig entschuldigt und den Weg geändert – wäre das aus heutiger Sicht wirklich so schlimm gewesen, im Verhältnis zu dem im März 2021 sichtbaren politischen Desaster? Eine bessere Bereitschaft, Fehler einzugestehen, aber dann die Politik auch nachhaltig zu ändern – das brauchen wir.

Nächster Punkt: die Medien – sie müssen wieder mehr Pluralismus wagen. Was eigentlich selbstverständlich sein sollte, geriet in der Krise in Vergessenheit: Was die Mainstream-Medien über weite Strecken der Corona-Zeit lieferten, war ein Einheitsbrei aus den Zutaten, die als politisch erlaubt galten. Andere Stimmen müssen auch gehört werden – immer und überall. Dass ein Karl Lauterbach in jeder zweiten Talkshow sitzen kann, ist nur ein Beispiel für das systematische Versagen (und den daraus resultierenden Vertrauensverlust) der Mainstream-Medien.

Des Weiteren geht es um den Fokus, den wir ab jetzt zentral auf die junge Generation legen müssen, auf Kinder und Jugendliche, auf junge Erwachsene und auf Familien: Sie sind in dieser Krise mit am stärksten unter die Räder gekommen. Wir dürfen nicht zulassen, dass Politik in erster Linie zugunsten der Alten und der Kinderlosen betrieben wird. Die Kontaktbeschränkungen und die Schließungen vieler Einrichtungen, die gerade für junge Menschen wichtig sind, sprechen hier eine deutliche Sprache: Das darf es nie wieder geben.

Unsere demokratische Kultur muss auch wieder wachsamer werden – im Großen wie im Kleinen. Große Koalitionen etwa – das war in allen bundesdeutschen Jahrzehnten vor Merkel Konsens – sollten die Ausnahme sein, weil man langfristige Schäden für die Demokratie befürchtete. Merkel hat sie zur Dauereinrichtung gemacht – und jetzt sind die Schäden da: Das jetzige Klima, bei dem viele den Eindruck haben, abweichende Meinungen nicht mehr äußern zu können, hängt auch stark mit dem politischen Klima der Dauer-GroKos zusammen.

In der Vergangenheit haben wir uns schon bei geringsten Anzeichen von Grundrechtseinschränkungen (man denke nur an die Vorratsdatenspeicherung) aufgeregt, während jetzt in dieser Staatsorgie der Corona-Zeit viele kein Problem mehr darin sahen. Nie wieder!

OFFENE ODER GESCHLOSSENE GESELLSCHAFT?

Wir stehen heute vor einer Weichenstellung wie nach dem Ersten und Zweiten Weltkrieg – einer Weichenstellung, die

Gesellschaft, Wirtschaft und Politik gut und gerne für die nächsten Jahrzehnte prägen kann. Es geht darum, ob die restriktiven Maßnahmen seit März 2020 als abschreckendes Beispiel in die Geschichte eingehen werden und wir wieder zu einer offenen Gesellschaft und einem demokratischen Rechtsstaat zurückfinden werden, in dem jeder Mensch als Person mit einer ihm eigenen Würde anerkannt wird und dem Grundrechte zustehen, die bedingungslos gelten. Das heißt, deren Gewährleistung oder Einschränkung liegt nicht in der Hand einer kleinen Elite von Politikern und Wissenschaftlern, die nach eigenem Ermessen Bedingungen für Grundrechte und den Zugang zur Gesellschaft festsetzen – wie einst die Fürsten von Gottes Gnaden und die sie beratenden Führer der Staatsreligionen. Man muss das offen sagen: Diejenigen Wissenschaftler und Politiker, die sich unter dem Deckmantel angeblichen Gesundheitsschutzes zu Herren über unsere Würde und unsere Rechte aufschwingen, sind Feinde der offenen Gesellschaft. Sie sind es genauso wie ihre Vorfahren in der Geschichte, die stets unter der Fahne hehrer moralischer Attribute auftraten, tatsächlich aber die Gesellschaft zerstörten und auf ihrem Weg immer eine große Zahl von Opfern hinterließen – wie jetzt auch die Opfer der Corona-Maßnahmen den Nutzen dieser Maßnahmen bei Weitem übersteigen.

Das wäre in der Tat die falsche Weichenstellung: die Zwangsmaßnahmen der Coronakrise als Generalprobe für einen neuen Totalitarismus der Überwachung und Reglementierung, in dem eine kleine Elite von Politikern und Wissenschaftlern den Zugang zu Grundrechten und gesellschaftlichem Leben durch von ihnen gesetzte Bedingungen – wie soziale Zugangsberechtigungen und Gesundheitspässe – reglementiert. Der nächste Akt in diesem Drama hin zu einer geschlossenen Gesellschaft, die von einer Allianz aus wissenschaftlichen Experten und autoritären Politikern beherrscht wird, wäre dann die Klimakrise. Diese könnte ähnlich inszeniert werden: pseudowissenschaftliche Modellrechnungen, die in Katastrophenprognosen münden, mit denen gezielt Angst in der Bevölkerung schürt wird; Politiker, die dann diese Angst nutzen, um den Rechtsstaat auszusetzen und an seine Stelle eine angeblich wissenschaftlich legitimierte, totalitäre Steuerung der Gesellschaft setzen.

Wir dürfen uns nicht länger in Panik versetzen lassen, sondern müssen zu Vernunft und Augenmaß zurückfinden. Wir müssen in offener Debatte verschiedene Handlungsstrategien abwägen, ihren Nutzen, aber auch ihre Schäden für alle betroffenen Menschen berücksichtigen, um die anstehenden Herausforderungen zu meistern. Es ist höchste Zeit, unsere pseudowissenschaftlichen Vormünder und angeblich Wissenschaft-basierten Politiker in die Schranken zu verweisen, die ihnen Menschenwürde, Rechtsstaat und Demokratie setzen.

ÜBER DIE AUTOREN

Prof. Dr. Christoph Lütge hat den Lehrstuhl für Wirtschafts-ethik an der TUM inne und ist seit 2019 Direktor des TUM Institute for Ethics in Artificial Intelligence. Als Gastwissen-schaftler war er u. a. in Taipeh, Kyoto sowie an der Harvard University tätig. Nachdem er sich wiederholt kritisch zur Corona-Politik äußerte, wurde er von Markus Söder aus dem nur scheinbar unabhängigen Bayerischen Ethikrat entlassen.

Prof. Dr. Michael Esfeld hat seit 2002 den Lehrstuhl für Wissenschaftsphilosophie an der Universität Lausanne inne und ist seit 2010 Mitglied der Leopoldina. 2013 erhielt er den Forschungspreis der Alexander-von-Humboldt-Stiftung. Er gehört dem akademischen Beirat des Liberalen Instituts der Schweiz an. Im Dezember 2020 kritisierte er in einem offenen Brief die Forderung der Leopoldina nach einer Verschärfung des Lockdowns als politischen Missbrauch der Wissenschaft.

REGISTER

Auch als **E-Book** erhältlich

240 Seiten
19,90 € (D) | 20,60 € (A)
ISBN 978-3-7423-1439-0

Schleif, Thorsten
Endlich richtig entscheiden
Der Richter verrät seine besten Strategien

Thorsten Schleif ist Amtsrichter – und viel beschäftigt. Jährlich fällt er Urteile in über 400 Strafverfahren. Hinzu kommen zahllose Entscheidungen, die er im Eilverfahren trifft, etwa über Haftbefehle. Ohne Zweifel – es sind schwerwiegende Fälle. Doch Richter Schleif ist Meister der Entscheidung. Er urteilt nicht wahllos, sondern bewusst. Und er kann sich nicht drücken, er muss entscheiden.

Jetzt wird der Richter zum Ratgeber: Er legt zuerst die Voraussetzung dar, den Mut zur Entscheidung, und verrät, wie wir diesen entwickeln. Sodann zeigt er anhand vieler Beispiele, wie wir richtig entscheiden, im privaten Alltag wie im Beruf. Schleif berücksichtigt die wichtigsten Einsichten der Hirnforschung und Psychologie. Und er lässt uns an seinem reichen Erfahrungsschatz teilhaben. Eine aufmunternde Lektüre, ein Antidot für Entscheidungsmuffel und eine Kur für notorische Falschentscheider!